KB097192

파워 네트워킹

파워 네트워킹

지은이 · 도나 피셔, 샌디 바일라스
초판 1쇄 찍은날 · 2003년 1월 10일
초판 1쇄 펴낸날 · 2003년 1월 15일
펴낸이 · 김승태
편집장 · 최창숙
편집 · 엄지연, 공유나
표지디자인 · 이줄희
등록번호 · 제2-1349호(1992. 3. 31)
펴낸곳 · 예영커뮤니케이션
　　　　 110-616 서울 광화문 우체국 사서함 1661
　　　　 출판유통사업부 T. (02)766-7912 F. (02)766-8934
　　　　　　　　　 E-mail: jeyoungsales@chollian.net
　　　　 출판사업부 T. (02)766-8931 F. (02)766-8934
　　　　　　　　 E-mail: jeyoungedit@chollian.net

ISBN 89-8350-660-1　03100

값 10,000원

파워 네트워킹

Power Networking

인생과 사업성공을 위한 55가지 초강력 네트워크 비법

도나 피셔, 샌디 바일라스 공저

김군식 역

예영커뮤니케이션

헌정사

가족, 친구들, 멘토들,
그리고 동료로 구성된 네트워크,
여기에 더하여서
교제, 우정, 그리고 동료애로
풍성해지는 삶을 위하여
이 책을 바칩니다.

"네트워킹이란 대가를 바라지 않는 마음을 가지면서 우리의 역
할을 다하고, 체계적인 방법으로, 또 특별한 목적을 가지고 우
리가 아는 사람들과 그들이 아는 사람들 사이를 연결하는 것
이다."

도나 피셔 & 샌디 바일라스

머리말

일상의 삶이나 직장 생활 속에서 우리는 남의 아킬레스건을 찾아서 그 약점을 자신의 이익을 위해 이용하는 사람들을 많이 만나게 된다.

반면에 우리는 도나 피셔(Donna Fisher)와 샌디 바일라스(Sandy Vilas)와 같이 언제나 사람들의 장점을 살피고 찾으려고 하는 사람들도, 드물지만, 만날 수 있다. 이 두 사람은 여러분이 잠재력을 모두 발휘할 수 있도록 이끌어주고, 칭찬하고, 때로는 괴롭히기도 한다. 도나 피셔와 샌디 바일라스는 내가 올바른 길로 갈 수 있도록 항상 편지나 전화로, 또는 만남을 통해 도움을 주었다.

놀라운 것은 그들이 이렇게 할 수 있는 방법을 다른 사람들에게도 가르쳐 준다는 것이다. 우정과 만남의 한계를 넓혀가는 것 뿐만이 아니라 세상을 바라보고 그 세상 속에 직접 뛰어들 수 있는 방법을 말이다!

네트워킹이라는 말은 우리 시대를 대표하는 전문 용어처럼 들릴지도 모르나 사실은 오래된 개념이다. 즉 이웃과 함께 하는 것이 바로 네트워킹이다.

도나 피셔와 샌디 바일라스가 말하는 네트워킹은 한 사람이 다른 사람들과의 관계를 넓힐 뿐 아니라 그 관계를 어떻게 더 깊고 오래 지속할 것인가를 가르친다는 면에서 다른 가르침과 차이가 있다. 우리가 흔히 듣는 "친구가 오 리를 가자고 하거든 십 리를 가라", "더 깊은 단계로 나아가기", 그리고 "심는 대로 거둔다" 등등의 진리를 실감나게 깨우쳐주기 때문이다.

매주 금요일 아침이 되면 나를 포함한 약 60명의 친구들이 모인다. 그 모임을 도버 클럽(Dover Club)이라고 부르는데, 네트워킹 비즈니스맨들의 모임이다. 그 모임에서는 절대로 요령을 가르치거나 자랑하지 않는다. 소박한 성공담과 큰 실패 그리고 우리들이 가진 문제들과 염려하는 것에 대해 이야기를 나눈다. 아침 7시에 모여서 사랑과 실패에 대하여 대화를 나눈다. 그리고 매번 서로에게 나누어 줄 수 있는 도움거리가 있음을 감사한다. 나는 이 네트워킹에서 다른 친구에게 도움 주는 법을 배움으로써 내가 운영하는 사업을 진정으로 성공시킬 수 있게 되었다.

도나 피셔와 샌디 바일라스의 도움으로 우리들은 "제가 당신을 어떻게 도울 수 있을까요?"라고 서로에게 물을 수 있게 되었다. 게다가 더 놀라운 것은, "제가 필요한 것은 이것입니다."라고 말하는 법을 배웠다는 것이다.

그러므로 나는 여러분에게 이 책을 읽기를 권하면서, 이 책에 담겨 있는 삶에 내재된 모험에 초대하는 바이다. 아침 일찍 모이는 네트워커들이 네트워킹을 통해 세상에 사랑의 메시지를 전파한다는 사실은 그리 우연한 일은 아니기 때문이다.

매릴린 허먼스/ 커스텀 액세서리 회장

감사의 글

이 책을 쓸 수 있도록 격려를 아끼지 않았던 많은 분들에게 깊은 감사를 드린다. 이 책을 위해 여러 번에 걸친 감수와 자신들의 아이디어와 견해를 나누어 주고, 또 끊임없는 격려를 해 주었던 밥 아들러, 래리 앤드류스, 레이 바드, 빌 바론, 앤 보우, 패트 브래들리, 스티브 데일리, 존 드마티니, 알렌 골즈베리, 랄프 헤이스, 제시카 립넥, 팀 마빈, 필 모라비토, 다나 모리슨, 안소니 푸트만, 린다 슈나이더, 밥 슈워츠, 자넷 쇼르, 진 토그나치 그리고 쥬디 웨스트에게 감사를 드린다. 여러분의 관심, 도움 그리고 의견 덕분에 이 책에 우리들이 믿는 네트워킹의 힘을 잘 표현할 수 있었다. 또한 캐서린 노엘, 로라 횟워스 그리고 테스 예브카에게 그들이 보여 준 우정과 사랑이 가득한 도움과 우리의 곁에 함께해 주심에 감사를 드린다.

다음의 분들에게 특별한 감사를 드리고 싶다.

에이미 백레스; 당신의 인자한 성품과 도움 그리고 전문 기술이 없었다면 이 책은 가능하지 않았을 것이다.

신디 골즈베리; 우리가 도움을 요청할 때마다 주저 없이 기쁜 마음

8

으로 응해 준 것에 감사드린다.

린다 케이; 원고를 집필하는 마지막 단계에서 박차를 가할 수 있도록 도움을 준 것에 감사드린다.

토마스 레오너드; 우리가 힘과 꿈을 가지고 꾸준히 글을 쓸 수 있도록 이끌어 준 것에 감사드린다.

하비 맥케이; 우리가 믿는 네트워킹의 좋은 예가 되어 준 당신의 인자한 도움과 조언에 감사드린다.

조 바이틀; 전화, 편지 그리고 기사 스크랩, 게다가 우리가 전하고자 하는 메시지에 관한 끊임없는 관심에 감사드린다.

우리 두 사람을 위하여 일상의 삶에서, 또 직업적으로 가장 핵심적인 위치에 있는 도버 클럽과 윈저 클럽의 현재와 과거 회원들에게 감사드린다. 여러분은 모두 소중한 가족이며, 네트워킹이 의미하는 섬김, 헌신 그리고 도움의 진리가 무엇인지 보여 주는 분들이다.

모든 분들께 감사를 드리며,

도나 피셔
샌디 바일라스

저자 소개

◆ 도나 피셔(Donna Fisher)

도나 피셔는 휴스턴 디스커버리 세미나의 설립자이자 대표이며, 대인 관계 기술, 네트워킹, 그리고 오늘을 살아가는데 필요한 것들을 가르치는 세계적인 권위자이다. 그녀의 힘이 넘치는 강연은 휴렛 팩커드, 메릴린치, 쉐브론, 그리고 그 외에 《포춘》(Fortune) 잡지 선정 500대 기업의 지역 세일즈 회의, 대회, 그리고 국제적인 학회에서의 강의를 통하여 진가를 발휘하고 있다.

자신의 회사를 갖기 전에 도나 피셔는 엑손, 맥도널 더글러스 오토메이션 사, 휴스턴 행동치료센터, 그리고 휴스턴 대학교에서 세일즈, 마케팅, 경영자로 활동하고 있었다. 「사람의 힘: 당신의 사업, 커리어, 그리고 개인 네트워크를 풍성하게 할 수 있는 12가지 방법」(People Power: 12 Power Principles to Enrich Your Business, Career, & Personal Networks)의 저자로서 그녀는 《월 스트리트저널》(Wall Street Journal), 《시카고 트리뷴》(Chicago Tribune), 《레드북 이그제큐티브 피메일》(Redbook Executive Female), 그리고 《비즈니스 스타트업》(Business Start-Ups)에도 여러 번 기고 했다. 도나 피셔는 미국에서 임명된 13명의 미 여성 사업가협회 사업주 자문 위원 중 한 명이기도 하다.

도나 피셔와 연락을 하고자 하시는 분은 1-800-934-9675, 또는 www.donnafisher.com을 통해서 할 수 있다.

◆ 샌디 바일라스(Sandy Vilas)

샌디 바일라스는 세계에서 가장 큰 개인과 사업 지도자 양성 기관인 코치 대학교의 총장이다. 코치 대학교는 《뉴스위크》(Newsweek), 《타임즈 오브 런던》(Times of London), 《언트러프러너(Entrepreneur), 《워킹 마더》(Working Mother), 그리고 《Inc.》 등에 소개되었으며, 미 NBC Nightly News with Tom Brokaw와 CNN Impact에도 소개된 바 있다. 오늘 날에는 30여 개국에서 모인 1,400여 명의 학생들이 미래의 자신들의 고객들이 일상의 삶과 사업의 목표에 도달하도록 돕는 방법을 교육받고 있다.

개인과 사업 지도 활동의 중요 인물이 되기 전에 샌디 바일라스는 전국적으로 워크숍을 지도하고 강연을 하는 성공적인 훈련가이자, 세일즈 컨설턴트였다. 코치 대학교에서 10명의 스태프를 관리하는 일 외에도 샌디는 계속해서 고객들에게 사업을 지도하고 있다.

샌디 바일라스는 열렬한 골퍼인 동시에 할리 데이비드슨 오토바이를 즐겨 타기도 한다. 그와 그의 아내 캐롤린은 휴스턴, 또는 때로 스팀보트 스프링스에 있는 집에서 살고 있다. 샌디 바일라스와 연락을 하고자 하시는 분은 713-952-6224, 또는 코치 대학교 홈페이지(www.coachu.com)를 방문하면 된다.

차례

01 성공을 가로막는 장애물 없애기

02 네트워킹:성공과 연결된 통로

03 파워 네트워킹 자기 평가

04 파워 네트워크의 55가지 비밀

05 성공을 위한 삶의 방식

네트워크 하십시오

당신이 쓰는 모든 편지와
당신이 하는 모든 대화와
당신이 참석하는 모든 모임을 통해
당신의 근본적인 믿음과 꿈을 표현하십시오.
다른 이들에게 당신이 원하는
세상에 관한 비전을 확실히 알려 주십시오.
생각을 통하여 네트워크 하십시오.
사랑을 통하여 네트워크 하십시오.
영혼을 통하여 네트워크 하십시오.
당신은 네트워크의 중심입니다.
당신은 세상의 중심입니다.
당신은 삶과 좋은 것의
자유롭고 매우 강한 원천입니다.
확인하고, 전파하고, 발하십시오.
밤낮으로 상상하십시오.
그러면 당신의 삶의 위대함이 나타나는
기적이 일어나는 것을 목격할 수 있으니.
열강이 존재하는 세상이 아닌,
미디어와 독점이 존재하는 세상이 아닌,
55억의 사람들이 함께 살아가는 세상.
네트워킹은 새로운 자유이며,
새로운 민주주의이며,
새로운 형태의 기쁨입니다.

로버트 뮬러/ 前 UN 총장 보좌관

제1장

우리가 믿는 것들

네트워킹의 힘

네트워킹은 더 풍성하고 알찬 일상의 삶과 직장 생활로 인도하는 힘이 있다. 여기서 '강한'(Power) 네트워킹이라고 할 때에는 베풀고 나누는 마음에서 오는 힘을 말한다. 개인의 힘은 우리가 누구이며 무엇을 나누어야 하는지를 깨닫고, 자신이 크고 광대한 우주의 일부분이라는 것을 자각하면서, 우리 안에 내재되어 있는 힘에서 나온다. 우리의 힘은 자신을 소중히 여기고자 하는 마음과 우주의 흐름과의 관계나 서로를 연결하고자 하는 마음에서 온다. 또한 우리의 꿈과 목표를 주위의 사람들과 함께 기회와 균형을 맞추고 통합하는 능력에서 오기도 한다. 웨인 다이어(Wayne Dyer)가 그의 저서 「믿으면 보게 되리라」(You'll See It When You Believe It)에서 말했듯이 네트워크의 목적은 힘을 나누어 주는 것이다. 우리는 이 테마를 책 전반에 걸쳐서 계속 언급할 것이다. 우리는 진실로 네트워킹의 많은 장점이 이 정신에서

비롯된다고 믿는다.

삶의 방식의 선택

네트워킹은 지혜롭게, 적절하게 그리고 전문적으로 사용되어졌을 때에야 가장 효율적인 마케팅 도구가 된다. 그러나 때론 네트워킹에 대해서 사람들은 잘못 이해하고, 잘못 사용하기 때문에 부정적으로 생각하기도 한다. 우리의 경험과 생각들을 여러분과 나눔으로써 네트워킹이 우리의 삶에도 그랬듯이 여러분의 삶도 풍성해지기를 바란다.

우리는 네트워킹을 사업을 일으키고, 당신 뿐만이 아니라 당신 주위의 사람들, 더 나아가서 당신이 속한 세상에 영향을 주는 하나의 기술로 알려 주고자 한다.

네트워킹이란 마음가짐이며 삶으로의 접근이다. 단순히 해야 할 일로 끝나는 것이 아니다. 대신에 여러분과 주위 사람들과의 관계, 그리고 주위에 있는 자원과의 관계를 포함한다. 따라서 네트워킹에 관한 특정한 기술과 도구들을 배울 수 있을지라도, 네트워킹을 하고자 하는 마음가짐이 없다면 그 효과는 오래 가지 못한다.

왜 네트워크인가?

네트워킹에서 얻을 수 있는 것은 많다. 그러나 그 중에서도 가장 중요한 것은 큰 목표를 이루기 위해서 매우 효과적이라는 것이다. 그러므로 당신이 이루고자 하는 큰 목표나 꿈이 있다면 강한 네트워킹의 비결을 터득하라. 목표가 크면 클수록 그것을 이루기 위해서는 네트워킹이 절대적으로 필요하다. 네트워킹으로 당신은 더욱 손쉽게, 기쁜 마음으로, 효과적으로 성공할 수 있을 것이다.

삶에서 당신이 원하는 모든 것을 이루지 못하고 있다면 당신의 목표를 명확히 하고, 초점을 맞추고, 당신의 네트워크를 강화하여 활성화시켜야 할 때이다. 모든 사람은 이미 광대한 자원의 네트워크를 가지고 있다. 하지만 거의 모든 경우에 있어서 사람들은 이러한 사실을 잊거나, 소홀히 생각하거나, 무시하고 있다. 그러나 언제든지 다시 시작할 수 있다. 우리는 당신이 자신의 숨겨진 네트워크를 찾아내고, 그것을 키워서 새로운 차원의 도움을 얻고, 실천을 통하여 좋은 결과를 얻을 수 있도록 돕고자 한다.

이러한 사실을 알고 있었는가?
· 소개를 받고 방문하는 것이 사전에 통보 없이 방문하는 것보다 80 퍼센트나 더 좋은 결과를 가져온다.
· 약 70 퍼센트의 구직이 네트워킹을 통해서 이루어진다.
· 당신이 만나는 대부분의 사람들이 적어도 250명의 연락자를 가지고 있다.
· 당신이 만나고자 하는 사람은 겨우 당신과 4~5 사람 건너에 있다.

당신이 누구이든, 어디에 있든, 나이가 몇이든, 어떠한 직업을 가지고 있든지 관계 없이 당신이 삶에서 이루고자 하는 것은 바로 당신의 주위에 있는 막대한 자원을 통해서 가능하다.

당신이 행복과 성공을 위한 재빠른 마법의 해결 방안을 찾고 있다면 이제 그만 두라. 당신에게 필요한 것은 빠른 해결 방안이 아니다. 네트워킹은 그 어떤 빠른 해결 방안보다 오래 유지되고 좋은 결과를 가져오는 완전한 반석을 만들어 준다.

성공의 비밀은 당신이 무엇을 하느냐에 있지 않고 어떻게 하느냐에 달려 있다. 그리고 그 일은 주위에 있는 사람들과 함께 얼마나 계속해서 그 일을 잘 해 나가느냐에 달려 있다. 비밀은 당신 안에 있으며, 당신을 둘러싸고 있는 세상과 얼마나 좋은 관계를 맺느냐에 달려 있다. 즉 열쇠는 바로 당신이 밖에 있는 자원과 일하는 동시에 안에 있는 자원을 얼마나 잘 활용하느냐에 달려 있는 것이다. 바로 당신의 네트워크를 말한다.

멋진 아이디어 이상의 것

우리는 워크숍에서 단순히 좋은 아이디어를 내는 것으로 그치지 않는다. 사람들이 자신의 삶을 더 발전시킬 수 있도록 그 아이디어들을 적용할 수 있는 경험해 보도록 하는 것을 목표로 한다. 사람들이 각 워크숍에서 앞으로 이 책에서 이야기할 것들을 직접 실천해 보도록 하는 것이다. 그리고 자신들의 목표에 어떻게 그것들을 적용할 수 있을지 발견하도록 그들이 얻은 정보를 가지고 실험해 보길 독려한다.

이 책은 단순히 멋진 아이디어들을 열거해 놓은 책이 아니다. 당신이 직접 실천하고, 네트워크를 구축하고, 성공할 수 있도록 촉매의 역할을 하는 책이다. 이 책을 가장 잘 활용하기 위해서는 당신이 이 책을 읽고, 곧바로 실행에 옮기고, 그 결과를 살피기를 바란다. "행동을 계획하고 계획에 따라 행동하라"는 부분에는 각 아이디어를 당신의 삶에 적용하도록 도와 주는 구체적인 방법이 제시되어 있다.

대부분의 사람들은 새로운 아이디어를 적용할 때 흥분하는 경향이 있다. 그러나 점차 시간이 지남에 따라 예전의 습관, 익숙한 삶의 방식, 안락한 것만 추구하게 된다. 새로운 아이디어를 적어도 한 달 이상 실천해 보기로 결심하기 바란다. 그리고 당신의 일상의 삶과 사업 성공에 어떠한 변화가 생겼는지 우리에게 알려 주기를 바란다.

네트워킹이 어떻게 우리의 삶과 사업의 초점이 되었는지 궁금해 하는 사람들이 있을 것이다. 우리로 하여금 삶을 네트워킹 방식으로 이끌어 준 주요한 사건들을 다음과 같이 나열하고자 한다:

샌디 바일라스는 증권 중개인으로 사회에 첫 발을 내디뎠다. 그러나 그는 곧 사전 예고 없이 불쑥 사람을 찾아가는 삶을 평생 살아가고 싶지 않음을 깨닫고 자신만의 독특한 방식으로 조언의 교환, 연락 취하기, 사람을 소개하는 법을 개발하고 따뜻한 관계 맺기로 사업을 성공시키기 시작했다.

노스캐롤라이나 주에서 텍사스 주로 이사를 한 후에 도나 피셔는 세일즈 분야로 직종을 옮겼다. 그리고 많은 사람들을 만나게 되고 새로운 교제와 사업 관계를 맺게 되었다. 그녀는 서로에게 도움을 줄 수 있는 네트워크가 새로운 단체와 사업의 목표를 이루기 위해 상당히 중요한 것임을 깨닫게 되었다.

샌디 바일라스는 어려운 경제 상황 가운데서도 살아남으려고 노력하는 회사에 몸담고 있음을 자각하게 되었다. 단순히 도움을 받는다는 것은 아무런 의미가 없었다. 그래서 그는 도버 클럽이라는 네트워킹 단체를 만들고 이 단체를 통하여 일상의 삶과 사업상 도움을 받을 수 있는 튼튼한 반석을 찾게 되었다.

휴스턴 행동치료센터의 집행 이사로 근무하면서 도나 피셔는 부탁을 하고 도움을 주는 것이 단순히 좋은 아이디어로 끝나는 것이 아니라 비영리 분야에서 매우 중요한 것임을 발견했다. 그녀는 얼마나 많은 사람들이 다른 사람들에게 도움을 주고, 참여하고, 헌신적이기를 원하는지 밝

혀냈다.

이렇듯 별 연관성이 없어 보이는 듯한 상황들이 우리로 하여금 네트워킹에 우리의 삶을 헌신하도록 만들었다. 사람들이 서로에게 연결되고 헌신하도록 함으로써 세상을 더욱 풍부하게 만드는 네트워킹을 긍정적이고 생산적인 삶의 방식으로 만든 것이다.

우리가 당신에게 전하는 아이디어들은 우리가 경험한 것들을 토대로 하고 있다. 우리는 서로 도움을 줄 수 있는 광대한 네트워크를 구축하길 원한다. 우리는 사람들이 진실로 헌신하기를 바란다고 믿는다. 당신이 스스로를 돌볼 때 다른 이들에게도 도움을 줄 수 있다고 믿는다. 네트워킹이란 당신의 삶을 변화시키고 세상을 변화시키며 결국에는 모두에게 좋은 세상을 만들어 주는 방법임을 알고 있다.

네트워킹은 우리의 삶을 분명히 풍성하게 하였고 지금도 그러고 있다. 우리는 살아가고, 가르치고, 사랑을 나눌 수 있는 기회를 갖게 된 것이 기쁘다.

당신은 이 책에서 일상의 삶과 사업 성공을 위한 55가지 비밀뿐만 아니라 더욱 중요한 성공적 삶의 기초가 되는 사고 방식을 배울 수 있을 것이다. 우리가 당신에게 제공하는 정보는 당신이 상호간에 도움을 줄 수 있는 관계를 만들고, 성장시키고, 행동할 수 있는 촉매제로 작용할 것이다.

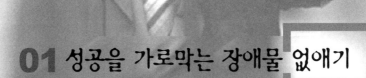

01 성공을 가로막는 장애물 없애기

"우리가 가질 수 있는 최고의 영광은 절대로 실패하지 않는 것이 아니라 실패할 때마다 다시 일어서는 것이다"

공자

제2장

네트워킹의 남용자를 조심하라

네트워킹 남용자란 말 그대로 네트워킹을 남용하는 사람들이다.

· 그들은 그 사람들과 연락할 것도 아니면서 아무런 의미도 없이 명함들을 모은다.
· 그들은 결혼식, 네트워킹 모임 또는 첫 만남에서 무엇인가를 판매하려고 한다.
· 그들은 정보를 모으기 위해 귀를 기울이기보다는 오히려 자신들의 관심사에 대해 이야기하고 거기에 초점을 맞춘다.
· 그들은 적절하지 않은 때에 끼어 들고 짧으면서 허울뿐인 만남을 갖는다.
· 그들은 친밀한 관계를 만들기 위하여 시간을 들이기보다는 오히려 사람들을 지나쳐 버린다.

· 그들은 질보다는 양을 중요시한다.

만약 당신이 불만족스러운 네트워킹 경험을 한 적이 있다면 그것은 아마도 네트워킹 남용자의 개념을 가졌기 때문일 것이다. 위에 명시한 예들 중 몇 가지를 이미 경험했더라도 너무 좌절하지 말라. 똑같은 실수를 또다시 반복하기 전에 당신의 생각을 바꾸고 주의할 수 있도록 하기 위하여 위의 목록을 거론한 것이니까 말이다.

다음과 같은 것은 네트워킹이 아니다.

· 판매하는 것
· 당신의 이익을 위해 사람을 이용하는 것
· 당신이 원하는 것을 하기 위하여 남을 억압하거나 함부로 이용하는 것
· 친구, 이웃 또는 동료들을 궁지에 몰아넣는 것
· 당신의 사업을 빌미로 사람들을 난처하게 하는 것

네트워킹이란 당신과 당신의 네트워크 내에 있는 사람들 모두를 위해 정보를 모으고, 수집하고, 나눠 주는 과정이다. 안소니 푸트만 (Anthony Putman)이 그의 저서 「당신의 서비스를 마케팅하기」 (Marketing Your Service;1990, p.171)에서 언급하였듯이, 네트워킹의 목적은 정보를 주고받기 위한 것이다. 네트워킹을 적절히 사용하면 그 누구도 이로 인해 부담스럽거나, 이용당한 느낌이 들거나, 궁지에 몰린 기분이 들지 않는다. 당신은 판매하는 것이 아니라 설명을 하는 것이다. 부탁을 하는 것이 아니라 중요한 정보를 알려 주는 것이다.

네트워킹의 남용자가 되지 말라. 네트워킹의 남용자가 되면 사람들

이 당신을 거부하도록 만듦으로써 파워 네트워킹이 주는 놀라운 기회를 놓치게 될 것이다. 그리고 당신이 네트워킹을 하는 과정에서 네트워킹 남용자를 만나게 되면, 그들을 보면서 당신의 네트워킹 접근 방식을 재정비할 수 있는 기회로 삼음과 동시에 당신의 네트워킹에서 남용자의 기질을 제거하여 버려라.

네트워크 남용자의 습관은 당신으로 하여금 네트워킹의 힘을 최대한 활용할 수 있는 기회를 앗아간다. 그러나 남용자라고 해서 계속 그러라는 법은 없다. 그들이라고 보다 효과적인 네트워킹 접근 방식을 배우지 말라는 법은 없으니까 말이다. 보다 긍정적인 네트워크 접근 방식을 실천함으로써 당신은 다른 이들에게 모범이 되고 네트워킹에 대한 잘못된 인식과 이용을 없앨 수 있다. 남용만 하지 않는다면 네트워킹은 선의, 신용, 서비스, 헌신을 위한 강하고 긍정적인 것으로 존재할 수 있다.

제3장

외로운 보안관 정신이여 안녕

우리 문화에 널리 퍼지고 내재해 있는 정신 중 하나는 도움을 청하지도 말고, 힘든 내색도 하지 말고, 모든 것을 스스로의 힘으로 해결하는 초인적인 존재가 되어야 한다는 것이다. 우리는 이것을 '외로운 보안관 정신'(Lone Ranger mentality)이라고 부르는데, 모든 것을 알아야 하고, 모든 것을 소유해야 하며, 모든 분야의 전문가가 되어야 하고, 모든 일을 두려움 없이 스스로 해내야 한다는 강박 관념이다. 이보다 더 많은 것도 해내야 한다고 하지만 이 정도로도 충분하지 않은가?

당신이 다음의 문장을 완성할 수 있다면, 우리가 말하고자 하는 것이 무엇인지 알 수 있을 것이다.

"일을 제대로 하려면, _____."

당신의 행동은 당신의 하루, 사람들과의 관계, 스스로 세우는 목표들에 영향을 준다. 또한 당신의 네트워킹 효과에도 영향을 준다. '외로운 보안관 정신'은 잠재적인 네트워커들에게는 걸림돌이 된다. 슬픈 소식은 바로 이러한 정신이 우리 모두에게 어느 정도는 내재되어 있다는 것이다. 그러나 기쁜 소식은 당신이 새로운 접근 방식을 배워서 이 '외로운 보안관 정신'에서 벗어날 수 있다는 것이다.

다음의 문장들은 외로운 보안관 정신에 관한 예이다. 다음에 열거한 문장들이 당신에게 낯설지 않다면, 혼자서만 일을 하면서 도움을 요청하지 않는 성격이라는 뜻이다.

□ 이 정도는 나 스스로 할 수 있어.
□ 다른 사람의 도움은 필요 없어.
□ 이걸 어떻게 하는지는 이미 알고 있어야 하는 건데.
□ 지금 상황에서 무슨 일을 해야 하는지 알고 있어.
□ ~~로 다른 사람을 귀찮게 하고 싶지는 않아.
□ 사람들은 각자의 일로 바빠.
□ 사람들은 방해 받고 싶어하지 않아.
□ 내가 이것을 어떻게 하는지 모른다는 사실을 남들이 알면 안 되는데.
□ 다른 사람의 도움을 받을 수는 없어.
□ 내 머리로 이 정도의 문제는 해결할 수 있을 텐데.
□ ~~의 문제를 가지고 다른 사람에게 부탁을 하면 그 사람이 어떻게 생각할까?

이 문장들은 사실이 아니라 단순히 생각들을 나타낸 것이다. 그러나 당신이 이러한 생각들을 한다면, 스스로를 자신의 한계에 가두어 놓고 네트워킹의 완전한 힘, 기쁨, 아름다움을 막고 있는 것이다. 외로운 보안관이 되지 말라! 대신 스스로의 한계를 인정하고, 성공을 위한 보다 새롭고 강한 접근 방식을 채택하라.

□ 이 일은 나의 네트워크 내의 자원을 이용하면 더 빠르고 간단하게 끝낼 수 있어.
□ 나의 목표를 이루기 위해 다른 사람의 도움을 받을 수 있는 것은 기쁜 일이야.
□ 다른 사람들에게서 새로운 것을 배우고 싶어.
□ 다른 사람들과 협동을 하면 문제를 해결할 수 있는 새로운 방법을 배우게 돼.
□ 사람들은 자신들의 전문적인 기술로 남을 돕는 것을 좋아해.
□ 내가 다른 사람에게 도움이나 의견을 물으면 그 사람들은 책임감과 감사하는 마음을 가지게 돼.
□ 내가 무엇이 필요한지 다른 사람들이 알게 되어도 나는 문제없어.
□ 도움을 받기 위해 나의 네트워크 내의 자원을 사용할 수 있을 정도로 나는 현명해.
□ 사람들은 내가 그들에게 질문을 하면서 접근하면 내가 자원이 풍부하다고 생각해.
□ 다른 사람들에게 조언을 구하면 내가 어떤 행동을 취할 지에 관하여 가장 좋은 길을 알 수 있을 거야.
□ 나는 다른 사람들의 전문성과 도움으로 잘 되는 것도 좋아.

이러한 적극적이고 긍정적인 생각들은 네트워킹을 통하여 최선의 경험을 하는 사람들을 강하게 만들어 주는 접근 방식이다.

독립적이고 스스로 일을 해결해 나가는 것은 성장하는 과정에 있어서 꼭 필요한 일이다. 그러나 지금 이 단계는 우리로 하여금 내적인 힘과 상호 의존을 통해 더욱 강해지는 수준으로 끌어올리는 과정이다. 우리 각자의 힘은 독립에서 오는 것이 아니라 상호 의존과 상호 작용에서 오는 것이며, 우리 주위의 사람들과 함께할 수 있는 기회와 인간 관계를 맺음으로써 가능한 것이다. '외로운 보안관 정신'은 이제 그만 버리고, 함께 일하는 사람들의 힘을 끌어들여라.

제4장

베푼 것은 베푼 것으로 끝내기

네트워킹에는 우리의 역할을 다 하면서도 대가를 바라지 않는 마음으로 우리가 아는 사람들과 그들이 아는 사람들 사이를 체계적이고 구체적 목적을 가지고 연결하는 것도 포함된다. 여기에서 가장 중요한 것은 바로 대가를 바라지 않는 마음이다.

대가를 바라지 않는다는 말은 다른 사람을 위해서 주고, 헌신하고, 도움을 주면서 그 사실을 마음속에 담아두지 않는다는 뜻이다. 자신이 도움을 준 것에 연연해 한다면 다른 사람들이 당신을 도와야 할 때 그들로 하여금 주저하게 만든다. 당신을 도와 준 어떤 사람이 그 도움 준 것을 잊지 않고 대가를 바라고 있다면 어떤 기분이 들겠는가? 아마도 당신은 그들과 네트워킹을 하는데 있어서 그다지 마음이 가볍지 않을 것이다. 그리고 당신이 대가를 바라고 있는 사람이라면 당신의 초점은 당신 앞에 놓인 기회보다는 그 사람이 당신에게 진 빚에 맞추어져 있을 것이다.

어떤 사람이 당신을 위해 무엇을 해 주었다면 어떠한 방법으로든 보답을 하고 싶은 것이 정상이 아니겠는가? 또한 의무감이나 두려움이 아닌 자발적인 마음으로 하는 것이 훨씬 즐거운 일이 아니겠는가? 다른 사람들이 당신을 도와 줄 때 의무감으로 하지 않도록 하라. 사람들은 주로 믿음, 친밀감, 존중하는 마음이 있을 때 서로 도와 주기를 원한다. 믿음이 있을 때는 누가 누구를 도왔느니, 또는 얼마나 자주, 얼마만큼 도와 주었느니 하는 것은 중요하지 않다. 당신이 그 사람을 믿게 되면, 그가 최선을 다할 것이라는 것과 여건이 허락할 때 보답할 것이라는 것, 당신이 도움을 준 대로 돌려받을 것이라는 사실을 알 수 있을 것이다.

남에게 베풀고도 그것을 잊고 산다는 것은 일종의 기득권을 포기하는 것과 같으므로 매우 부담스러운 일이다. 하지만 남에게 은혜를 베푼 것을 기억하지 않음으로 해서 더욱더 인간 관계를 만들고 사람들을 돕는데 초점을 맞추게 된다. 당신이 나누어 주고 헌신하는 것을 점수로 매길 수는 없지만, 당신이 다른 사람들과 맺은 관계의 질과 깊이는 점수 매길 수 있다.

이 아이디어는 네트워킹과 관련하여 당신에게는 놀라운 일일지 몰라도 전혀 새로운 것은 아니다. 이 아이디어는 우리가 흔히 듣는 격언인 '뿌린 대로 거둔다'는 말을 구체적으로 실천한 것이다, 당신이 받고자 하는 것보다 더 많이 베풀면 넘치게 받는다는 것은 사실이다.

우리는 이 개념을 '부메랑 효과'(boomerang effect)라고 부른다. 부메랑을 던지면 다시 돌아온다. 곧바로 돌아오는 것은 아니지만 빙 돌아서 결국에는 처음 던진 곳으로 돌아오는 것이다. 네트워킹도 마찬가지다. 당신이 주고, 참여하고, 헌신하고자 결심하면 처음 당신이 도움을 준 사람에게서 돌아오지는 않을지라도 그것들은 결국에는 당신에게 다시 돌아오게 된다. 사실 전혀 예상하지 않았던 곳에서 돌아오기도 한다.

부메랑 효과를 실천하면 당신이 보상받아야 할 곳을 일일이 기억하지 않아도 되기 때문에 마음의 평안마저 얻을 수 있다. 네트워킹에 집중하고, 보답이 올 때가 되면 오겠지 하는 생각을 하면 마음이 평안해지기 때문이다. 당신이 속한 네트워크 내부의 다른 사람들을 돕는데 마음을 모으면 새로운 아이디어와 도움을 풍성하게 받게 될 것이다.

네트워킹의 핵심은 다른 사람을 위하는 마음이다. 당신이 배울 수 있는 기술은 모두 배웠고, 취할 수 있는 행동은 모두 취했다 할지라도 네트워킹은 사람을 돕고자 하는 진솔한 마음이 있을 때에만 진정 강한 힘을 발휘하게 된다.

제5장

두려움에 맞서기

네트워킹이 그렇게 엄청난 마케팅과 홍보 도구라면 왜 더 자주 사용되지 않는가? 그 이유는 네트워킹을 사용할 경우 상대가 더 이상 전화를 안 하게 되거나, 소개를 안 시켜 주거나, 도움을 더 이상 주지 않을지도 모른다는 두려움과 염려 때문이다.

네트워킹은 이러한 두려움과 염려 따위가 길을 막기에는 그 가치가 너무도 크다. 더욱이 이러한 두려움과 염려는 네트워킹에 대한 잘못된 이해 때문에 생긴 것이다. 당신이 가장 두려워하는 것들이 다음에 명시되어 있는지 살펴보고, 네트워킹에 대한 행동과 접근이 어떻게 이러한 두려움을 야기시킬 수 있는지 생각해 보라.

거절
"난 거절 당하는 것을 도저히 견딜 수 없어!"

물론 그 누구도 거절을 당하거나 거부당하는 것을 좋아하지는 않는다. 그러나 이러한 거절에 대한 강박관념을 없앨 수 있는 새로운 ·네트워킹 접근 방법이 있다.

네트워킹은 정보를 모으고, 수집하고, 나누어 주는 것을 포함한다. 당신이 누군가에게 연락을 해서 소개할 사람이나, 고객이 될만한 사람이나, 서비스 제공자를 찾고 있다면 그 사람에게 정보를 주는 것이다. 당신의 초점은 이러한 정보를 충분한 숫자의 사람들에게 나누어 줌으로써 당신이 성취하고자 하는 목표 또는 당신이 원하는 접촉을 시도하는 것에 있다.

거절이란 어떠한 사람이 당신에게 특정한 방법으로 반응할 때 고려사항이 될 뿐이다. 만약 당신이 정보를 상호간에 자원을 나누는 것으로 생각한다면, 당신이 받게 되는 어떠한 반응도 단순히 과정의 흐름에 속한 것이다.

네트워킹이란 다른 사람이 당신이 원하는 대답을 하게 하거나 원하는 것을 주도록 하는 것이 아니다. 네트워킹의 목적은 주위에 있는 광대한 자원을 당신의 목표를 넓히기 위해 사용하는 것이다. 당신이 어떤 사람에게 접근할 때 정보 제공자로 접근을 하면, 예를 들어 당신의 최근 작업 또는 어떠한 종류의 도움을 찾고 있는지를 알려 주는 것, 거기에는 거절이란 없다. 당신은 단순히 그 사람에게 자신의 네트워킹 데이터 뱅크에 추가할 수 있는 정보를 주는 것이며 당신에게는 가능한 연결을 넓힐 수 있는 방법이 되는 것이다.

의무

"그들이 나를 도와 주면, 내게서는 무엇을 원하게 될까?"
"그들이 내게 준 도움만큼 내가 도울 수 없다면 어떻게 하지?"

의무란 그다지 기분 좋은 것으로 다가오지 않는다. 무섭고, 부담도 되고, 성가시게 느껴지기도 한다. 통제되어야 하는 문제들, 부족한 것들 그리고 열등감과 관련이 있다. 그러나 제4장 "베푼 것은 베푼 것으로 끝내기"에서 언급하였듯이 파워 네트워킹은 아무런 기대감 없이 접근하는 것이기에 자연히 아무런 의무감도 없어야 한다. (다른 사람들을 모두 존경과 감사로 대하는 것은 기본적인 자세로 이와 다른 문제다.)

당신이 원하는 것을 갖기 위하여 조작과 협박을 한다면 당신의 네트워크는 얕아지고 결과들은 허점 투성이가 될 것이다. 당신이 사람들을 존경하는 마음으로 대하고, 당신이 가진 능력을 최대한 발휘하여 도움을 준다면 당신은 할 일을 다한 것이다.

나약해 보이거나 궁핍해 보이는 것

"무엇을 어떻게 해야 하는지도 모르는 사람처럼 보이는 건 싫어."
"모든 것이 정돈된 사람처럼 보여야 해."

당신의 최대 관심이 흠잡을 데 없는 존재로 보이는 데 있다면 결국 당신은 당신의 잠재력을 최대한으로 발휘한다고 해도 네트워크하는 데 실패할 수밖에 없을 것이다. 가장 가치 있고 의미 있는 사건은 누군가 전화해서 "나 지금 어려움에 처해 있는데 네 생각을 좀 말해 주겠니?"라고 청할 때이다.

도움을 요청하는 것은 인생의 현명한 접근이라 생각한다. 사람들이 전화해서 도움을 요청할 때면, 그들이 멋져 보이기 위해서 열심히 일하는 것이 아니라 현명하게 일하는 것에 더 관심이 많다는 사실을 알 수 있다.

모든 사람들은 반드시 남의 도움이 필요할 때가 있다. 아닌 척하는 것은 당신을 다른 사람들과 격리시킬 뿐이다. 당신의 네트워크를 자신에 대한 정당성을 위해 사용하지 않고 당신의 목표에 초점을 맞추고 있다면, 나약해 보이거나 궁핍해 보이는 것은 염려할 사항이 아니다.

여기에는 재미있는 두 가지 차원이 있다. 사람들이 우리에게 도움을 요청하면 어려울 때에 나를 기억하였고 또 내가 도움이 되리라고 확신하였다 해서 기쁘고, 인정 받고 있다는 느낌이 들고, 영광스러운 생각마저 든다. 당신도 이러한 마음이 생기지 않겠는가? 우리의 워크숍에서 사람들에게 조사한 바에 의하면 이것은 변함없는 사실로 나타났다. 그러나 매우 적은 수의 사람들이 정작 자신의 필요는 얘기하지 않는다는 사실 또한 재미있지 않은가!

도움을 요청하는 것이 나약해 보이는 표시가 아니라 다음과 같은 증거라는 것을 깨닫는 게 중요하다.

· 강한 자존감
· 자아보다는 목표에 대한 약속
· 다른 사람에게도 배우고자 하는 마음과 능력
· 배타적이기보다는 포괄적이고자 하는 지혜
· 일부러 어려운 길로 돌아가기보다는 보다 간단하게 일을 처리하고 자 하는 의지
· 상호 의존의 힘에 대한 이해

도움을 요청하는 것은 네트워킹에 있어서 중요한 부분을 차지한다. 부탁은 나약함을 나타내는 것이 아니다. 오히려 힘, 용기, 지혜의 표시이다.

너무 많은 시간의 소비

"난 네트워크를 할 시간이 없어."

"난 내가 감당할 수 있는 것보다 이미 너무 많은 것을 가지고 있어."

일부러 어려운 길로 가는 것, 사전에 예고 없이 전화를 걸어 무엇을 판매하려고 하는 것, 당신이 해야 할 작업을 혼자서 다 하려고 하는 것은 너무도 많은 시간을 요구한다. 네트워킹은 보다 적은 시간을 들여서 더 많은 것을 이루게 한다. 우리는 네트워킹을 해야 하는 또 다른 일이라고 주장하는 것이 아니다. 이미 당신은 할 일들이 충분히 많이 있을 것이다. 따라서 우리는 네트워킹을 지금 당신이 이미 하고 있는 일을 발전시킬 수 있는 방법으로 제시하고자 한다.

네트워킹을 한다고 해서 당신이 새로운 기회를 찾기 위해 시간을 들여야 한다는 것은 아니다. 사실은 정반대이다. 네트워킹을 통하여 당신은 더 많은 기회를 접할 것이고 각 사람의 상호 작용을 최대한으로 발전시켜서 당신의 목표를 더욱 효율적으로 달성할 수 있을 것이다.

네트워킹은 당신으로 하여금 주위의 사람들과 자원들에 정통하기를 요구한다. 당신이 네트워킹을 하고 있지 않다면, 당신은 네트워킹을 활용해 효과적으로 일할 때보다 결국은 더욱 많은 시간과 돈을 낭비하게 될 것이다. 사람들과 이야기할 때 네트워크를 하라. 엘리베이터 안에서도 네트워크를 하라. 고객에게 전화를 할 때에도 네트워크를 하라. 시간을 현명하게 사용하고 당신이 이미 시작한 일을 네트워킹에 통합하라.

밀어붙이고 공격적으로 보이는 것

"밀어붙이고 공격적으로 보이는 것이라면 난 안 하겠어."

네트워킹은 씨를 심고, 키우고, 자라기를 기다릴 때와 같이 인내와 지속성을 요구한다. 그러나 인내와 지속성을 보이는 것은 밀어붙이고 공격적으로 보이는 것과는 매우 다르다. 사람들과 관계를 맺고 상호 작용하는 것이 중요하다 할지라도 결과를 보기 위해서 밀어붙이고 공격적일 필요는 없다. 오히려 부담 없이 여유 있게 당신에게 어울리는 방법으로 네트워킹 할 수 있다.

당신이 요구를 많이 하고 까다로운 종류의 사람이라면, 당신은 우리가 네트워크 남용자라고 부르는 부류에 빠져 있다. (제2장을 보라.) 이러한 상황은 당신이 큰 그림을 잊어버리고 목표를 이루기 위해서는 오로지 한 가지 길밖에 없다고 믿을 때 생긴다. 당신의 네트워크를 통하여 다양한 자원이 있다는 것을 기억하고, 당신의 초점은 강한 유대 관계를 맺는데 있음을 잊지 말라. 이 상황에서 당신을 돕고자 하는 사람들을 만날 수 있을 것이다. 당신의 네트워크가 강해질수록 당신이 부탁도 하기 전에 도움을 주려고 다가오는 사람들이 더욱 많이 생겨나게 될 것이다.

냉정하고 비정하게 보이는 것

"네트워크는 비정하고, 강제적이고, 냉정해 보여."
"난 자신을 위해 언제나 무엇을 가지려고 하는 그런 종류의 사람이
되긴 싫어."

교제에는 관심이 없고 오로지 결과만을 얻기 위한 것으로 비쳐질 때, 네트워킹은 비정하게 보인다. 다른 사람에게 이런 식으로 접근하는 사람은 자신의 네트워크가 강해지기도 전에 이미 실패를 경험하게 될 것이다.

네트워킹은 다른 사람들에 대한 관심을 나타내는 순수한 표현이며 가능할 때마다 그들을 돕고자 하는 의지이다. 당신의 상호 작용이 자연스럽고 신뢰할 수 있는 것이라면, 당신의 열린 마음은 강한 유대 관계와 더욱 만족스러운 상호 작용으로 이끌어 줄 것이다. 네트워킹의 힘은 사람과의 강하고 굳건한 관계에서 나타난다.

당신이 보았듯이 이 모든 두려움들은 당신이 파워 네트워킹식 접근을 할 때 사라진다. 네트워킹은 재미있고, 흥미롭고, 만족스럽고, 또한 보상도 있다. 파워 네트워킹은 변화를 가져오고, 과거에 당신을 가로막은 두려움을 없앨 수 있는 접근 방식이며 마음가짐이다.

02 네트워킹:성공과 연결된 통로

"일 년 동안 성공하고자 한다면 곡식을 기르라
십 년 동안 성공하고자 한다면 나무를 기르라
일생 동안 성공하고자 한다면 사람을 기르라"
격언

제6장

곡예사가 아니면 어때

당신이 곡예사라면 그물이 안전하게, 제자리에 튼튼히 매여져 있는지 확인할 것이다. 곡예사는 이러한 안전 그물을 너무도 당연한 이유로 사용한다. 그 이유는 그물이 없으면 위험하기 때문이다. 그물이 있음으로 해서 곡예사는 마음껏 새로운 기술에 도전해 보고, 연습하고, 부상의 염려 없이 자신감을 키울 수 있다.

당신이 곡예사가 아니라고 할지라도 위험 부담은 언제나 있다. 당신이 사업주든, 세일즈맨이든, 최고 경영자이든 간에 상관없이 언제나 위험 부담을 안고 살아간다. 게다가 당신의 꿈과 목표가 크면 클수록 위험 부담도 함께 커지는 것이다. 곡예사처럼 당신 또한 당신을 위한 강하고 튼튼한 그물이 필요하다.

앤 보우(Anne Boe)와 베티 영스(Bettie Youngs)가 1989년에 저술한 책, 「당신의 그물은 쓸 만한가?」(Is Your "Net" Working?)는 제목만 가지고도 충분히 생각해 볼 가치가 있다. 당신의 그물은 쓸 만한가? 연결 부분이 튼튼하고 잘 엮어져 있는가? 당신의 사용 목적에 맞게 설치되어 있는가? 당신은 그 그물을 잘 관리하고 있는가?

삶이란 때때로 마치 곡예를 하는 것과 같다. 공중제비 돌기와 같은 묘기를 부려야 할 때도 있고, 어떤 경우에는 높은 곳에서 뛰어내리는 모험을 강행해야 할 때도 있다. 당신의 네트워크는 다음과 같은 상황에서 당신에게 안전한 그물, 윤리적 받침, 백업 시스템이 되어 줄 것이다.

· 직장을 옮길 때
· 새로운 도시로 이사갈 때
· 개인 사업을 시작할 때
· 직종을 바꿀 때
· 사업을 확장하고자 할 때

당신은 정말로 원하는 일을 하며 살고 있는가? 당신의 꿈을 이루기 위해 자신감을 가지고 높은 곳에서 뛰어 내릴 수 있는가? 당신이 진정으로 살고픈 삶을 위해 모험을 하고자 할 때 위기 상황에 빠지고 싶지 않다면, 당신이 해야 할 가장 첫 번째 일은 바로 당신의 네트워크를 구축하고 발달시키는 것이다. 올바로 작용하는 그물처럼 파워 네트워크는 당신이 필요로 하는 백업과 도움을 제공함으로써 사업과 인생에서 당신이 원하는 것을 이룰 수 있도록 해 줄 것이다.

제7장

네트워크의 3P

힘(Power), 사람(People) 그리고 장려(Promotion)

네 트워크는 세계 곳곳에서 볼 수 있는 보편적 법칙이다. 이 법칙
이 갖는 힘은 그것이 단순히 보편적인 것에 그치는 것이 아니라
놀라운 결과를 가져오고 모든 사람이 사용할 수 있다는 것이다. 네트워
크의 힘은 당신의 나이, 교육 수준, 재정 상태, 직종 또는 거주 지역에
제한받지 않는다. 파워 워네트워킹은—적어도 자원을 서로 나누고자
한다면—누구에게나 제공되며, 지속적이고 광범위하게 활용가능한 힘
이다. 우리가 말하고자 하는 파워 네트워킹이란 삶의 모든 부분을 포괄
하고, 높은 성취감과 만족감을 주며, 생산적인 에너지의 증대를 위해
사람들을 연결하는 것이다.

　네트워킹의 힘은 다른 사람들에게서 얼마나 얻었는가 하는 것으로
정의 내려지지 않고, 오히려 인간 사이의 상호 작용과 그로 인한 개인
적 가치의 생성에 의해 정의 내려진다. 당신이 성취한 모든 일에는 다
른 사람들의 것도 포함한다. 내가 쓴 편지를 이웃 동네의 사람이 받아

본 간단한 일부터 인류를 달에 보낸 단순하지 않은 일까지 많은 사람들과 연관이 있으며 그 결과를 얻기까지 많은 인간 관계가 생겨난다.

파워 네트워킹은 사업을 시작하는데 뿐만 아니라 사업과 삶의 차원을 높이는 데도 유용하다. 다음의 증언들은 다양한 삶을 살아가는 사람들이 그들에게 네트워킹이란 어떤 의미가 있는가를 적은 것이다. 각각의 정의가 나름대로 특이하면서도 그 바탕에는 공통된 테마인 사람이 다른 사람에게 장려, 위임, 도움, 양육, 연결, 관계의 위치에 있는 것을 살펴보기 바란다. 긍정적인 네트워킹의 상호 작용에 들어가는 공통된 요소는 사람에게 권한을 위임하는 것이다. 여기에 네트워킹의 정신과 힘이 존재한다. 당신도 당신 나름대로의 표현으로 네트워킹이 당신의 삶에 어떠한 의미를 주는지 적어보기 바란다.

> " 네트워킹은 정보를 교환하고 조언과 도움을 주고받는 커뮤니케이션 방법이다. "
>
> 로날드 L. 크래닉 & 캐릴 레이 크래닉,
> 「직업과 커리어의 성공을 위해 네트워크를 하라」의 저자

> " 네트워킹이란 우리가 가진 것과 아는 것을 내보내는 것이고, 네트워크를 통해서 계속 순환되도록 하는 것이다. "
>
> 웨인 다이어,
> 「믿게 되면 보게 되리라」의 저자

> " 다른 사람들이 그들의 목표를 이룰 수 있도록 도와 주고, 결국에는 당신의 목표도 이룰 수 있는 관계를 생성하는 것이다. "
>
> 랄프 헤이스
> 데이터 보이스 테크놀러지스 회장

" 네트워킹이란 사람과 사람이 연결됨으로써 아이디어와 자원도 연결되는 것이다. "

제시카 립넥 & 제프리 스탬프스
「네트워킹 북」의 저자

" 당사자들이 그들의 노력에 도움을 줄 수 있는 자원의 근간을 만들고 확장할 수 있도록 사람을 만나고, 그들에 대해 배우고 관계를 만드는 체계적인 과정이다. "

존 호프
인더펜딘스 캐피탈 사 회장

" 사람들 사이 그리고 사람들의 무리 사이의 연결 고리를 만드는 커뮤니케이션이다. "

존 나이스빗
「메가트랜즈」의 저자

" 네트워킹이란 상호간에 만족스럽고, 도움이 되고, 또 상승되는 연결을 구축하는 것이다. "

H. S. 칼사
에코워터 시스템즈

네트워킹에는 동전처럼 두 가지 면이 있다. 당신이 한쪽 면을 취할 수 없으면 다른 한쪽 면도 가질 수 없다. 네트워킹은 결과와 관계, 효과와 효율, 관대함과 지속성에 대한 것이다. 그것은 믿음과 요구, 사업의 시작과 다른 회사의 홍보, 정보를 주고 도움을 받는 것 등을 포함한다.

파워 네트워킹이란 아래에 관한 것이다.

결과	그리고	관계
효과	그리고	효율
독단	그리고	관대
지속	그리고	믿음
자신의 홍보	그리고	타 사의 홍보
개인 사업의 창업	그리고	자신의 삶을 높이는 것
받는 것	그리고	주는 것
도움을 받는 것	그리고	도움을 주는 것
부탁	그리고	도움

제8장

이득을 거둬들이기

존 나이스빗(John Naisbitt)이 그의 저서 「메가트랜즈」 (Megatrends1982; p.192)에서 언급하였듯이, 네트워킹이란 자립심을 촉진하고, 정보를 교환하고, 사회를 변화시키고, 생산성과 일을 개선하고, 자원을 나누기 위해 존재한다. 네트워킹은 삶의 각 부분에서 일어나는 다음과 같은 상황 속에서에 적절한 대응 수단으로 적용될 수 있다.

· 효과적으로 정보를 수집하고 사람들에게 나누어 주는 것
· 중요한 결과를 간단하고 효율적으로 이끌어내는 것
· 앞서 갈 수 있는 방법, 아이디어, 전문성을 다른 사람들과 나누는 것
· 사람들과 서로 연결하는 것
· 협동하여 목표를 이루는 것

- 정보와 아이디어의 정확성과 유효성을 검증하는 것
- 상품, 서비스, 아이디어를 홍보하는 것
- 자원과 기회의 지혜로운 사용으로 생산성을 증대시키는 것
- 상호 작용과 대화를 통하여 적은 시간으로 더 좋은 결과를 만들어 내는 것

당신이 서비스를 제공하든, 상품을 구입하든, 새로운 동료를 만나든, 직장을 구하든 간에 네트워킹은 당신이 성공할 수 있는 기회를 높이는 수단이 될 수 있다. 매릴린 퍼거슨(Marilyn Ferguson)이 그녀의 저서 「물병자리 음모」(Aquarian Conspiracy;1981, pp.62-63)에서 언급하였듯이, 네트워킹의 과정은 대회, 전화, 비행, 책, 유령 조직, 신문, 팸플릿, 복사 자료, 강연, 워크숍, 파티, 구전, 공통된 친구들, 정상 회담, 연합, 테이프, 회보를 통해서 가능하다.

네트워크를 할 수 있는 방법이 많듯이 좋은 것을 얻을 수 있는 방법도 많다. 순간적으로 얻는 것에서부터 개인적인 만족까지 네트워킹을 통해서 얻게 되는 좋은 것들은 당신 삶의 모든 부분에 영향을 미칠 것이다:

- 네트워킹은 상품과 서비스에 대해 보다 쉬운 접근을 제공한다.
- 네트워킹은 협력과 우정을 강화한다.
- 네트워킹은 상호간에 나누고, 헌신하고, 돕고, 베풀 수 있는 기회를 제공한다.
- 네트워킹은 노력의 편리함, 재미, 성공을 가능하게 한다.
- 네트워킹은 사람들에게 헌신할 수 있는 친숙한 방법을 제공한다.
- 네트워킹은 새로운 관계, 새로운 기회, 보다 나은 성취로 인도한다.

- 네트워킹은 개인적이고 전문적인 단계에서 우리의 한계를 넓힐 수 있는 기회를 제공한다.
- 네트워킹은 삶에 대한 우리의 목표와 꿈을 깨닫도록 도와 준다.
- 네트워킹은 관계, 만족, 서비스에 대한 인간의 기본적인 욕구를 채운다.

네트워킹의 장점들은 당신의 삶을 풍성하게 할 것이다. 이러한 장점들을 얻는 것은 당신이 네트워킹에 참여하고 얼마나 효과적으로 삶에 사용하느냐에 달려 있다. 당신이 주고, 헌신하고, 참여하고, 다른 사람들을 도와 줄 때 이러한 행동은 결국 당신에게로 돌아올 것이며, 네트워킹의 다양한 이점들을 즐길 수 있게 될 것이다.

제9장

좁은 세상 더 좁게 만들기

사람들이 "세상 참 좁네요"라고 말하는 것을 자주 들어 봤을 것이다. 네트워킹은 세상을 좁게 만듦으로써 우리와 사람들의 만남을 가능하게 해 준다. 적재적소에 있었기 때문에 어떤 행운을 잡을 수 있었다고 생각한 적이 있는가? 어쩌면 단순히 우연한 일이 아니라, 효과적인 네트워킹의 결과인지도 모른다. 삶에서 효과적으로 네트워킹하는 방법을 배움으로써 당신은 당신을 적재적소에 있도록 해 주는 행운을 만드는 것이다. 삶에 대한 네트워크적 접근으로 당신은 크고 기술적으로 발전하는 세상의 장점들과 함께 좁은 세상에서 얻는 개인적인 만족도 즐길 수 있을 것이다.

네트워킹을 당신의 삶에 포함시키게 되면, 평생 당신에게 도움을 주고 전 세계에 퍼져 있는 사람들과 연결될 수 있는 기술을 발달시키게 되는 것이다. 우리가 말했듯이 네트워킹이란 전 세계에서 매일같이 일어나는 우주적 사건이다.

- 짐이 리사에게 동네에 새로 생긴 레스토랑에 대해 이야기해 준다.
- 팀이 로버트에게 새로운 직장을 구할 수 있도록 사람을 소개해 준다.
- 베티는 린다에게 그녀가 가장 좋아하는 연회업자의 이름과 전화번호를 알려 준다.
- 로이는 랜디에게 그가 속한 전문인 협회의 회장을 소개한다.
- 수잔은 앨런에게 그가 환경 개선에 대해 쓰고 있는 책에 도움이 될 만한 정보 기사를 보내 준다.
- 베키는 스티브에게 그녀의 새로운 회사에서 사용할 명함과 문구류를 디자인해 줄 그래픽 디자이너의 이름을 묻는다.
- 필은 마크에게 연락해서 마크의 새로운 병원에 잠재적 투자자가 될 켄이라는 자신의 고객이 전화할 것이라고 알려 준다.
- 마이크는 래리에게 연락하여 사업차 도시를 방문한 그의 일본인 동료들과 골프를 치도록 초대한다.
- 마케팅 임원협회를 상대로 발표한 후, 존은 프로그램의 의장에게 협회를 위해 발표해 줄 만한 능력 있는 세 사람의 이름과 전화번호를 준다.

이러한 목록은 끝없이 계속될 수 있다. 어떤 도시, 동네, 공동체, 크기에 관계 없이 사람들은 네트워킹에 대해서 안다. 그들이 그것을 네트워킹, 도움, 지지 또는 단순히 우정이라고 부르든지 상관 없이 말이다. 우리 역사를 돌아보면서 목장을 관리하고, 누비 이불도 만들고, 물물 교환도 하던 때를 생각하여 보라. 시간을 초월하여서 사람들은 개인, 그룹, 공동체의 목표를 이루기 위하여 네트워킹을 사용하여 왔다.

지난 십 년 동안 우리의 유동적인 사회는 현저한 변화를 보여 왔고,

많은 사람들은 가족과 이웃 등 가까운 네트워크를 유지 발전시키지 못했다. 따라서 사람들은 인연, 우정, 소속감에 대한 욕구를 만족시키기 위해 도움을 줄 수 있는 새로운 가족을 만들어 냄으로써 이러한 변화에 적응하여 왔다.

오래된 조직들은 우리 사회에서 사회적, 환경적인 변화에 생존하기 위해 진보해 왔다. 이 조직들은 파워 네트워킹의 가장 중요한 예이다. 이러한 사람들은 나름대로의 동기를 갖고 단결을 하고, 소식을 전파하고, 정보, 자원과 지지를 모은다. 그들은 자주 수적으로, 지역적으로 빠른 확장을 하며, 결국에는 관료적인 조직에서나 봄직한 노력과 경비의 필요 없는 지출을 막는 힘을 가져온다. 전통적인 구조가 실패를 하면, 사람들은 서로에게 손을 내밀어서 무리를 형성한다. 이러한 무리들은 네트워크가 되고, 네트워크는 개인의 삶에서, 공동체에서, 사회에서 사람들의 필요와 욕구를 대변하는 덩어리가 된다.

원격 통신과 컴퓨터 기술의 진보는 정교한 방법으로 세계적 차원에서 네트워킹 할 수 있는 가능성을 증가시켰다. 네트워킹은 오늘날 범람하는 방대한 분량의 정보와 자원을 다룰 수 있으므로 없어서는 안 될 도구가 되었다.

십 년 전에 존 나이스빗은 그의 베스트 셀러인 「메가트랜즈」에서 네트워크를 우리가 알고 있는 그 어떤 방법보다도 빠르게, 고성능으로, 그리고 에너지 효율적인 방법으로 정보를 전송하기 위한 구조라고 정의 내렸다. 그 이후로 기술적인 향상은 네트워킹을 새로운 수준의 속도, 정교함, 효율성으로 더욱 향상시켰다.

네트워킹이 더욱 간편하고 탁월해지는 동안 현재의 네트워킹의 중심을 유지하는 것 또한 중요하다. 사람들과 직접 대화하든 기계를 통하여 얘기하든 간에 바로 이웃에 사는 친구이든 지구 저편에 사는 사람이든 간에 당신은 상호 작용을 통하여 우정, 도움, 관계를 전할 수 있는 능력이 있다.

모든 곳에 있는 사람들이 네트워킹 조직의 일원이 되고 있고, 네트워킹 훈련과 세미나에 참석하고 있으며, 네트워킹 컨설턴트를 고용하고 있고, 그들의 네트워크를 통하여 직장을 구하고 있다. 많은 사람들이 네트워커로 알려지고 있으며 고용주들은 이미 많은 자원을 구축한 사람을 고용하려고 한다. 네트워킹 훈련, 대학교 교과 과정, 컨설턴트, 단체들 못지 않게 네트워킹 책들과 테이프들이 점차 많이 출시되고 있다.

존 나이스빗은 사람들에게 새로운 네트워킹 모델은 우리가 좌절, 비인격, 무력, 실패와 결합된 계층적 모형을 대체하고 있다고 했다. 「당신의 그물은 쓸 만한가?」에서 앤 보우와 베티 영스는 네트워킹이 미래에는 더욱 필수적인 기술이 될 것이라고 예견했다. 네트워킹의 힘, 기술의 발달, 구조의 이동과 우리 사회의 관심은 모두 네트워킹의 인기와 유용성에 영향을 주고 있다. 우리는 앞으로 십 년 후에는 네트워킹에 대한 관심이 더욱 폭발할 것이라고 믿는다.

네트워킹을 통해서 사람들은 그들이 원하는 규모의 지지 시스템으로 자신들의 성취감과 소속감을 만족시킬 수 있기 때문에 우리는 네트워킹이 더욱 확산될 것이라고 믿고 있다. 네트워킹의 애정적 본성은 마음과 영혼을 따뜻하게 하며, 일을 성취하는 간편함과 효율성은 몸을 편리하게 하며, 생산되는 결과들은 정신을 자극하고 보상한다. 네트워킹적 삶의 방식은 원만한 접근으로 사람들을 깊고 의미 있게 보살피고 만족시킨다.

애정(Affection)　네트워킹은 사람과 사람들로 이루어져 있기 때문에 애정을 제공한다. 사람들은 서로를 도울 수 있는 기회가 있음을 감사해 한다. 그것은 섬기고, 헌신하고, 가족과 우정의 따뜻함을 경험하고자 하는 우리의 본능적 욕구를 만족시킨다.

효율성(Efficiency)　네트워킹은 다른 사람들의 기술, 힘, 전문성을 사용하기 때문에 효율적이다. 네트워킹을 통해서 우리는 남들이 저지른 실수와 함정을 피해 갈 수 있다. 우리는 다른 사람들의 지혜로 많은 것을 얻고 더 쉽고 효율적으로 결과를 얻을 수 있다.

좋은 결과(Powerful results)　네트워킹은 사람들의 상호 작용과 도움이 행동을 낳고, 방향이 뚜렷한 행동은 결과를 낳기 때문에 좋은 결과를 얻도록 해 준다. 긍정적으로, 생산적으로, 그리고 강한 태도로 네트워킹을 하는 사람들에 의해 생긴 에너지는 그들의 네트워크 전반에 걸쳐서 활력을 불어넣을 것이다.

네트워킹은 언제나 우리와 함께 있었고 앞으로도 그럴 것이다. 따라서 당신의 삶에 있어서 우연히 알게 된 걸로 치부해 버려서는 안 될 것이다. 네트워킹의 잠재력은 그것을 언제나, 누구나, 어디서든지 사용할 수 있다는 점이다. 네트워크 하는 법을 배우면 당신은 자신감 있게 인생을 살아갈 힘을 얻게 될 것이다.

03 파워 네트워킹 자기 평가

"힘은 협동에서 나오고, 독립은 섬김을
통해 나오며, 더욱 위대한 자신은 이기
심이 없는 가운데서 나온다"
존 하이더 · 「리더십의 도」

제10장

자기 평가

우리의 목표는 당신을 파워 네트워커로 만들어서 매일매일의 생활에 네트워킹의 만족을 누릴 수 있도록 하는 데 있다. 당신이 스스로를 네트워킹의 초보자, 중급자, 또는 전문가라고 평가하는 것과 관계 없이 당신은 언제나 더 발전할 수 있는 여지가 있다. 네트워킹 프로필은 당신이 파워 네트워커가 가져야 하는 원칙, 도구, 기술, 태도를 어느 정도로 실천하고 있는지 알려 줄 것이다. 또한 당신이 이미 실천하고 있는 아이디어를 보강할 것이며, 더 큰 효과를 위해 새로운 도구를 소개하고, 지속적인 네트워킹의 성공을 얻기 위해 밟아야 하는 단계를 알려 줄 것이다.

당신의 네트워킹 프로필을 결정하기 위해서 각 문항에 대하여 당신이 현재의 삶을 살아가는 방식을 1에서 5까지의 숫자(1=전혀 아님, 2=가끔, 3=정기적으로, 4=자주, 5=항상)를 사용하여 스스로의 점수를 매기도록 하라. 솔직하게 응답하라. 네트워킹의 새롭고 흥분되는 길로 들어서기 전에 당신 직업의 전문성에 대한 현 수준을 평가할 수 있는 기회니까 말이다.

모든 문항에 답을 하였으면, 점수를 합산하여 외로운 보안관에서부터 파워 네트워커 사이에서 당신의 위치를 찾아보라. 당신의 삶은 대부분은 외로운 보안관으로 지냈던지 아니면 이미 네트워킹에 대한 전문성과 탁월성을 발달시킨 것으로 발견될 것이다.

네트워킹 프로필은 이 책의 제11장에서 19장까지의 내용과 관련된 아홉 개의 장으로 나누어져 있다. 이 장들에서 각 문항은 정보, 아이디어, 예를 포함하여 설명하였다. 개인적인 이야기들은 이 아이디어들이 당신과 같은 사람들의 삶에 어떤 영향을 미쳤는지를 보여 줄 것이다.

지금 현재 어느 단계에 있든지 상관 없이 당신은 새로운 습관을 키울 수 있고, 기술을 발달시킬 수 있으며, 증명된 네트워킹 개념을 당신의 삶에 적용시킬 수 있다. 각 문항에 대하여 제11장에서 19장까지의 정보를 살펴보고 지금 당장 당신의 네트워킹 발전 과정을 실행하라!

당신의 네트워킹 프로필

1에서 5 사이의 숫자로 평가하라.
(1=전혀 아님 2=가끔 3=정기적으로 4=자주 5=항상)

네트워커로서의 당신의 힘을 알아보라

_____ 1. 나의 삶에 있어서 중요한 가치와 원칙을 안다.

_____ 2. 나의 삶에서 자랑스럽게 성취한 것 다섯 가지를 적을 수 있다.

_____ 3. 나의 직업에 대해 분명히 알고 있으며 다른 사람에게 도움을 줄 수 있는 방법을 안다.

_____ 4. 외로운 보안관 정신을 포기했다.

_____ 5. 네트워커로서의 나의 힘을 안다.

_____ 6. 정기적으로 체크하는 장기간과 단기간의 목표를 적은 목록을 가지고 있다.

_____ 7. 내가 가진 네트워크의 규모와 다양성을 보여 주는 네트워크 표를 가지고 있다.

당신의 네트워크에서 친절하고 예의 바른 사람이 되라

_____ 8. 내가 하는 나의 소개는 내가 누구이며 무엇을 하는지 전문적으로 나타낸다.

_____ 9. 나를 소개할 때는 분명하고, 간단하고, 매력 있고, 관심을 끌 수 있도록 한다.

_____ 10. 그룹 내에서 여유가 있고 대화를 효과적으로 만들어 나간다.

_____ 11. 사람들이 나를 기억해 주기를 기다리기보다 내 자신을 다시 소개한다.

_____ 12. 소개받는 사람의 이름과 그가 누구인지를 외우기 위해 소개받을 때 집중한다.

_____ 13. 네트워킹 모임에서 사회를 볼 때 두렵지 않다.

_____ 14. 내 자신과 사업을 홍보하고 눈에 보이는 결과를 얻도록 노력한다.

_____ 15. 만나는 모든 사람에게 친절하고 예의가 바르다.

받은 명함을 소중히 다루라

_____ 16. 나의 명함은 내가 누구이며 무엇을 하는지 관심을 끌도록 잘 나타낸다.

_____ 17. 어떠한 상황에서도 나누어 줄 수 있는 충분한 양의 명함이 있다.

_____ 18. 나의 명함을 적절하게 나누어 준다.

_____ 19. 상대와 향후의 약속에 대한 기억을 되살릴 수 있도록 내가 받은 명함에 그 사람에 대한 메모를 한다.

감사하는 마음으로 당신의 네트워크를 보살피라

_____ 20. 나는 매일 감사 인사를 받고 또 한다.

_____ 21. 내가 그 사람을 직접적으로 알든 모르든 나에게

영감을 준 사람에게 감사를 한다.

_____ 22. 적절한 시간과 태도를 가지고 나의 네트워크를 전화, 편지, 선물로 보살핀다.

_____ 23. 개인적인 용도로 메모 카드를 사용하고 있다.

_____ 24. 나는 주위의 감사와 도움에 대해 정중하게 반응하며 받아들인다.

자원으로서의 자신을 관리하라

_____ 25. 나의 네트워크를 조직화하고 검색할 수 있는 효과적인 시스템을 만들었다.

_____ 26. 나의 명함 파일은 잘 정리되어 있고 최신 정보를 제때제때 기록한다.

_____ 27. 나는 다이어리를 효과적으로 사용한다.

_____ 28. 해야 할 일을 적은 목록을 매일 정리하고 작성하고 확인한다.

_____ 29. 목록에 해야 할 일을 적는데 시간을 들이기보다는 내 앞에 놓인 일을 한다.

_____ 30. 전화하기로 약속한 곳에는 24시간 이내에 전화한다.

_____ 31. 나의 네트워크 내에 있는 사람 중에 도움을 받고자 하는 사람에게 연락하기 전에 생각을 정리한다.

_____ 32. 나의 시간, 에너지 또는 초점을 흐리게 하는 행사, 활동, 모임으로의 초청은 거절한다.

_____ 33. 기회를 최대한 살리기 위해 네트워킹 모임을 준비한다.

요구를 효과적으로 하라

_____ 34. 다른 사람에게 도움을 부탁하고 사용한다.

_____ 35. 네트워크에 있는 사람에게 부탁을 할 때에는 분명하고, 간략하고, 심하게 요구하지 않는다.

_____ 36. "~~를 하는 사람을 아세요?"하고 물을 수 있는 기회를 지속적으로 찾는다.

_____ 37. 조언을 받은 것에 대해서는 신속히 이행한다.

_____ 38. 모든 접촉자에게서 무언가를 얻는다.

참여를 통해 눈에 보이는 결과를 얻으라

_____ 39. 나는 전문 협회의 회원이다.

_____ 40. 나는 협회의 위원회에서 일한다.

_____ 41. 나는 정기적으로 나의 네트워크에 도움을 주고 또 받는다.

_____ 42. 나는 1m의 법칙을 알고 또 사용한다.

_____ 43. 나의 네트워크를 지속적으로 평가하고 추가한다.

개인 네트워크로의 접근을 개발하라

_____ 44. 나는 나의 직관을 믿으며 또 거기에 따라 행동한다.

_____ 45. 나의 네트워크 내의 사람들의 성공을 위해 헌신한다.

_____ 46. 내가 제공하는 높은 수준의 도움을 사람들이 알아
준다.

_____ 47. 나는 적극적이고 통찰력 있게 경청한다.

_____ 48. 나의 모든 상호 작용과 노력에는 정직성과 전문성
이 담겨 있다.

_____ 49. 나는 모든 연락책과 기회에 열린 마음으로 접근한
다.

당신의 세계를 강화하는 네트워크

_____ 50. 나는 튼튼하고 자원이 풍부한 네트워크를 가지고
있는 힘있는 네트워커로 알려져 있다.

_____ 51. 나는 내 자신과 다른 사람들에게 개인적이며 전문
적인 이득을 주기 위해 나의 네트워킹을 사용한다.

_____ 52. 나는 나의 네트워크를 항상 우선적으로 생각한다.

_____ 53. 나는 파워 네트워킹의 좋은 모범이 된다.

_____ 54. 나는 세상을 하나의 큰 네트워크로 본다.

_____ 55. 네트워킹은 나에게 있어서 삶의 방식이다.

점 수

· 275~237	파워 네트워크 단계
· 236~200	효과적으로 사용하는 단계
· 199~164	매우 활발히 성장하는 단계
· 163~128	발전을 시작하는 단계
· 127~92	소극적이고 두려워하는 단계
· 91~55	외로운 보안관 단계

04 파워 네트워크의 55가지 비밀

"박식한 사람은 아는 것이 많다.
성공적이고 번창하는 사람은
아는 사람이 많다."

존 데마티니

제11장

네트워크의 중심은 바로 당신이다

네트워커로서의 당신의 힘을 인식하라

 당신의 삶의 중요한 가치와 원칙을 알라.

> *성취란 다름 아닌 당신과 당신이 가진 개인적 가치와 양심의 관계이다.*
>
> 존 F. 레이놀즈 3세 & 엘레노어 레이놀즈 · 「성공을 넘어」 중에서

강한 네트워커가 되기 위한 첫 번째 단계는 바로 당신의 삶을 질서 정연하게 정돈하고 당신에게 중요한 가치와 원칙을 중심으로 삶을 연결시키는 것이다. 당신이 가진 가치들은 당신의 삶의 핵으로서 삶에 의미와 만족을 주는 본질적 요소이다.

가치란 다음과 같은 것들의 질적인 차원을 말한다.

모험	자유	기쁨
감사	즐거움	사랑
아름다움	조화로움	질서
확신	진실	참여
편안함	명예	평화
대화	유머	만족
헌신	독립	힘
통제	정직	인정
창의성	친밀함	존경
발견		영성

비록 이 모든 가치들이 당신에게 중요하다 할지라도 그 중에서도 특히 당신의 삶에 중요한 것이 있을 것이다. 당신의 삶에 특히 중요한 것이 무엇인지를 깨달을 때(당신이 가지고 싶다고 희망하는 가치가 아니라), 당신은 다른 사람들과 관계를 맺을 때 더욱 튼튼한 기반을 갖게 될 것이다.

많은 사람들이 인상적이지만 그다지 만족스럽지 못한 삶의 목표를 세우고, 일터에서 일하고, 작업을 맡는다. 이것은 그들이 자신들의 삶을 그들의 가치를 채워 줄 수 있는 목표, 작업, 직업을 중심으로 세우지 않았기 때문이다.

가치에 근거한 목표를 가지면 자연스럽게 그것에 근거해서 행동하고픈 동기가 생긴다. 따라서 당신의 삶과 목표가 당신의 가치를 중심으로 세워지면 당신의 네트워크에 대한 초점을 강화할 힘과 확신을 제공할 것이며, 자신에 대한 분명한 자각이 생길 것이다.

당신의 삶에서 자랑스럽게 성취한 것 다섯 가지를 적으라.

*다른 사람을 아는 사람은 똑똑하다. 자신을 아는 사람은 현명하
다.* "

노자 · 「도덕경」 중에서

당신이 하는 모든 것은—편지를 부치는 것이든, 점심 약속을 하는
것이든, 무엇을 판매하는 것이든—다른 사람들의 자원과 참여에 의한
것이다. 당신의 주요한 성취들과 함께 매일의 활동에 도움을 주는 사
람들은 항상 존재한다. 이러한 사실을 기억한다면, 당신의 네트워킹에
대해 감사하는 마음을 삶의 자연스럽고 효과적인 부분으로 만들 수 있
을 것이다.

당신이 성취한 것들은 당신이 네트워커로서 누구인지, 또 다른 사
람들에게 어떠한 종류의 도움을 줄 수 있는지에 대한 귀중한 정보를
제공할 것이다. 당신이 마라톤 선수라면 마라톤 훈련에 관한 전문 지
식과 관련자들을 알고 있을 것이다. 당신이 집필한 책이 있다면, 책을
쓰고자 하는 사람에게 도움이 될 수 있는 지식, 경험, 인적 자원을 가
지고 있을 것이다. 당신이 얻은 전문성, 인적 자원, 경험이 다른 사람
들에게도 도움이 될 수 있도록 성취한 것들을 나누는 것이 중요하다.

다른 사람들로 하여금 당신이 무엇을 성취하였는지 알리지 않는다
면 도움이 필요할 때 당신에게 연락할 수 없을 것이다. 당신이 성취한
것을 나눈다는 것은 네트워킹의 과정이며, 그것은 또한 다른 사람들에
게 당신이 배운 것을 가르칠 수 있는 기회를 찾는데 도움이 될 것이다.

당신이 성취한 것을 기억함으로써, 다른 사람들에게 도움을 줄 때 당신의 위치를 깨달을 수 있을 것이다. 당신이 음악적 배경이 있다면, 합창단, 지역 연극단원, 또는 시 음악 축제의 위원으로 참여할 수 있다. 당신이 성취한 것으로 당신의 네트워크를 확장하고 활용할 수도 있다. 그리고 당신이 배운 것을 다른 사람들에게 가르칠 때 당신의 기술이 향상되는 것을 발견할 것이다.

당신에게 무엇이 중요한지 스스로 알 수 있을 것이다. 당신만이 당신의 삶에서 성취한 각각의 것의 진정한 가치를 알 것이다. 당신이 성취한 것이 작은 것이든, 큰 것이든, 의미가 있는 것이든, 쉬운 것이든, 힘든 것이든 관계 없이 당신이 성취한 것에 대하여 자랑스러워 하라.

스스로를 인정하고 성취한 것을 축하하느냐는 당신에게 달린 일이다. 당신이 성취한 것을 먼저 기억하는 것은 당신의 성공을 통해 얻은 것과 전문적인 것을 네트워크를 통해 다른 사람들과 나누는 일로 나아가게 할 것이다.

③ 당신의 직업에 대해 분명히 알고, 다른 사람에게 도움을 줄 수 있는 게 무엇인지를 알라.

"가장 소중한 선물은 당신의 일부분을 기꺼이 주는 것이다."

랄프 왈도 에머슨 · 「선물」 중에서

네트워킹은 당신을 자원으로 내어주는 것과 다른 사람들을 자원으로 받아들이는 것 모두를 포함한다. 당신의 힘, 기술, 재능, 전문성을 분명히 알면 다른 사람들을 돕는데 도움이 될 것이다. 파워 네트워커로서 당신은 숨어 있는 재능인의 삶을 포기해야 할 것이다.

모든 사람에게는 다른 사람에게 도움이 될만한 특별한 기술과 재능이 있다. 당신과 다른 사람들을 위해 당신이 잘 하는 것을 하도록 하라; 다른 사람들도 당신을 위해 그들이 잘 하는 것을 할 것이다. 당신이 잘하는 것을 찾으면, 모두가 도움을 받을 수 있고 문제는 해결될 것이다.

다음 문장을 읽으면서 당신이 무엇의 전문가인지를 생각하라:

· 나는 어느 분야의 전문가인가?
· 나는 어떤 경험을 갖고 있나?
· 나는 어떠한 자원인가?
· 나는 어떠한 훈련을 받았는가?
· 나는 무엇을 자연스럽게 하는가?

사람들은 그들이 가진 기술이 너무도 자연스러워 자주 자신들이 그러한 기술을 가졌는지 조차 망각하는 경우가 있다. 당신이 잘 하는 것은 다른 사람도 잘 할 것이라고 생각하기는 쉬우나, 항상 그런 것은 아니다. 당신에게는 쉬운 일이 다른 사람에게는 어렵고 복잡한 일일 수 있다. 당신이 가지고 있는 자연스러운 재능과 실력을 네트워크에게 주는 선물로 만들라.

'외로운 보안관 정신'을 포기하라.

> *'최고'를 찾으려고 하면 안 된다. 왜냐 하면 최고란 없기 때문이다! 이 세상은 하나의 팀으로 움직여야 한다.*
>
> 론 맥캔 & 조 바이탈 · 「섬김의 기쁨」 중에서

제3장에서 설명하였듯이, 우리 중에 많은 사람이 일을 제대로 하려면 스스로 하라는 말을 자주 들으면서 자랐다. 이 말은 우리가 '외로운 보안관 정신'이라고 부르는 행동을 대표하는 말이다. '외로운 보안관 정신'은 우리가 모든 것을 알아야 하고, 최고가 되어야 하고, 나약함을 보여서도 안 되며, 우리가 도움이 필요할 때 다른 사람에게 알려서도 안 된다는 것을 내포하고 있다. 그러나 이러한 생각은 우리로 하여금 강하고 효과적인 네트워커가 되는데 방해가 될 뿐이다.

'외로운 보안관 정신'을 버리고 강한 네트워크에 접근하기에 절대로 늦지 않다는 것을 기억하라. 그러나 결국에는 당신이 선택하여야 할 문제이며, 새로운 습관, 새로운 사고 방식, 새로운 네트워킹 방식의 삶을 살아야 한다.

당신이 얼마나 오랫동안 또는 자주 외로운 보안관 정신을 실천했는지 몰라도, 당신은 이 사고 방식을 버리고 강력한 네트워크를 개발할 수 있다.

외로운 보안관에서 파워 네트워커로 옮겨가기 위해서는

□ 당신이 전문가이어야 한다는 생각을 버리라.
□ 당신 스스로 모든 것을 해결해야 할 때를 인식하라.
□ 약점을 인정하고 도움을 청하라.
□ 다른 사람에게 위임하라.
□ 당신이 모든 문제의 해답을 갖고 있지 않다는 것을 다른 사람들에게 알리라.
□ 팀 플레이어가 되라.
□ 다른 사람들의 도움과 헌신을 받아들이고 감사함을 표현하라.

'외로운 보안관 정신' 은 성공적인 네트워커가 되는데 항상 장애물이 된다. 당신이 정보, 도움, 아이디어가 필요할 때 다른 사람에게 부탁을 하는가, 아니면 스스로 해결하려고 하는가? 외로운 보안관 기질에서 벗어나면 네트워킹 관계와 기회가 있는 전혀 새로운 세상을 만나게 될 것이다.

⑤ 네트워커로서의 당신의 힘을 알라.

      "*사람은 세상을 변화시키고 새롭게 만들 수 있는 힘이 있다.*"
존 덴버 · 알렌 코헨의 「지구의 치유」 중에서

네트워커로서 강하려면 네트워킹의 힘과 네트워커로서의 당신의 힘을 인정하고 또 감사해야 한다. 하지만 당신이 "나는 아는 사람이 없어!", "나는 그들에게 전혀 도움이 될 수가 없는 존재야", "나는 줄 것이 아무것도 없어"라고 말한다면 다른 사람들에게 도움을 줄 수 있는 네트워크 기회를 놓치게 되는 것이다.

사람들은 자주 자신이 헌신한 것과 성취한 것을 대수롭지 않게 생각하지만, 네트워커로서 당신은 스스로를 받아들이고, 인정하고 또 믿어야 한다. 네트워크에 대한 자발적인 헌신을 통해 당신이 줄 수 있는 힘을 발견하게 될 것이다. 당신이 생각하는 것보다 더욱 많은 것을 다른 사람들에게 줄 수 있을 것이다. 앞으로 당신이 헌신하는 것들을 몸소 경험하고 즐길 수 있기를 바란다.

당신이 일생 동안 취한 수많은 자원들과의 연락과 그 동안 모았던 풍부한 기술과 경험들을 생각해 보라. 스스로를 강한 자원으로 생각하면서 제한적인 사고 방식을 없애고, 긍정적 사고 방식을 개발하라. 파워 네트워커로서 당신은 당신의 아이디어와 인적 자원을 다른 사람들을 위해 헌신할 수 있는 기회로 활용해야 한다. 사람들이 당신에게 부탁을 할 때 개인이 아닌 자원으로 대하라. 그렇게 하면 당신의 네트워크가 가진 힘을 널리 퍼뜨릴 수 있을 것이다.

네트워킹 파워는 참여 다른 사람에 대한 비 이기주의, 당신이 속한 네트워크의 성공에 대한 지속적인 관심을 통해 당신에게 주어지는 것이다.

네트워킹은 협력의 형태이며, 협력의 즐거움은 모든 사람의 성공을 통해 모두가 무언가를 얻고 축하해 줄 수 있다는 것이다. 네트워킹의 즐거움과 힘을 경험하면 할수록 당신은 더욱 더 네트워커로서 성장해 나갈 것이다.

⑥ 정기적으로 체크하는 장기간과 단기간의 목표를 적은 목록을 지녀라.

세상의 목록 작성자들은 성공으로 가는 길을 걷고 있다. 왜냐 하면 그들은 적어도 무언가를 하려고 하기 때문이다.

에밀리 키틀 모리슨 · 「리더십의 기술」 중에서

목적과 목표를 설명해 주는 계획안 없이 일을 하는 것은 지도의 도움 없이 목적지를 찾아가는 것만큼이나 힘든 일이다. 당신의 목표를 적고 또 돌아보는 행동은 당신으로 하여금 제대로 길을 찾아가고 있는지, 게다가 당신이 그 목표를 이루기 위하여 네트워크를 효과적으로 하고 있는지 알려 줄 것이다.

당신의 목표를 적으면 목표를 이루는데 도움을 줄 수 있는 더욱 분명하고 확신에 찬 힘을 얻을 수 있을 것이다. 당신이 가진 목표를 다른 사람들과 나누면 당신은 자신과의 약속을 더욱 진지하게 받아들일 것이고, 그 목표에 책임을 지게 될 것이다.

파워 네트워커로서 당신의 목표들은 방향, 성취, 자기 표현의 도구로 쓰일 것이다. 당신의 목표를 매우 자세하게 잡을 수 있는 능력은 그것들을 이루기 위해서 다른 사람들과 어느 정도로 네트워킹을 해야 하는지를 알려 줄 것이다.

7 당신이 가진 네트워크의 규모와 다양성을 보여 주는 네트워크 표를 가지라.

> **"**구성적인 면을 볼 때, 네트워크가 가지는 가장 중요한 구성은 각 개인이 그 중심에 있다는 것이다.**"**
>
> 존 나이스빗 · 「메가트랜즈」 중에서

네트워크 표는 당신이 가진 네트워크의 규모와 다양성을 시각적으로 보여준다. 표를 그리기 위해서는 일단 종이의 중간에 당신의 이름을 적으라. 이는 당신이 네트워크의 중심에 있음을 알려 준다. 이 중심에서부터 네트워크의 중요한 살을 그려 나가도록 하라 (가족, 사업 동료, 클럽, 교회, 동문 등). 각각 살은 모두 주요 분야의 주요 인물들을 나타낸다. 이 표는 새로운 조직 단계와 자원을 한눈에 알 수 있도록 해 준다.

당신의 네트워크 표는 새롭게 현재의 기회를 기억시켜 주는 역할도 한다. 당신이 새로운 작업을 시작하거나 특정한 분야와 관련된 도움을 필요로 할 때, 이 표는 치밀하게 계획하고, 또 그 계획에 따라 이행할 수 있도록 해 준다. 당신이 특정한 개인과 연락하고 싶을 때에는 이 표를 보고 도움을 줄 수 있는 사람이 누구인지를 살펴보라.

당신의 네트워크는 사실 3차원적이다; 그것은 모든 단계에서 네트워크와 네트워크를 연결하는 뒤얽힌 망이다. 당신이 네트워크의 중심에 있다 할지라도, 당신은 동시에 그 안에 적힌 모든 사람들을 연결시키는 가지의 역할도 하는 것이다. 당신의 네트워크 일람표는 역동적이면서 강하고 또 정교한 구조를 단순화한 것이다.

당신의 네트워크가 시간이 흐름에 따라 변하듯이 당신의 네트워크 일람표도 삶을 살아가면서 자라고, 변하고, 새로운 가지가 연결되어서 여러 방향으로 발전해 나갈 것이다. 이 표는 네트워크의 규모와 다양성과 당신이 그 중심에서 수행하고 있는 중요한 역할이 무엇인지를 보여 줄 것이다.

■ 네트워킹에 적용하기 ■

믿는 바대로 하라

줄리 데보디어(Julie Devodier)

줄리 데보디어는 좋은 직장에서 좋은 수입을 받고 있었다; 그러나 그녀는 무엇인가 부족한 기분이 들었다. 그녀의 가족과 친구들은 그 좋은 직장과 수입에 말도 안 되는 소리라고 하였지만, 모든 것을 버리고 다른 것을 하고자 하는 갈망이 생겼다.

줄리 데보디어는 뭔가 다른 것을 해야겠다는 확신이 마음속으로부터 생겨났다. 그래서 도움을 찾기 시작했다. 코치 과정을 통하여 그녀는 자신의 인생에서 가장 중요하게 생각하는 가치관들이 무엇인지를 발견하고 삶의 목표를 찾았다. 이 일을 통하여 그녀가 전에 직장을 다니면서 왜 기쁨을 느낄 수 없었는가에 대해 분명히 알 수 있게 되었다. 그러나 가장 중요한 것은 그녀의 마음속을 괴롭히던 문제의 해답을 찾았다는데 있었다.

그녀의 가치관들을 다시 찾으면서, 줄리 데보디어는 자신의 삶을 통해 무엇을 하고 싶은지에 대해 이야기하기 시작했다. 그녀는 곧 두 사람을 소개 받았다; 이 만남을 통하여 두 달 후에 줄리 데보디어는 밧줄 컨설턴트로 거듭나기 위한 훈련을 받고 있었다. 그녀는 사람들에게 협동심, 문제 해결 방식, 자신감을 가르치기 위해서 야외에서 밧줄과 전신주를 활용하는 밧줄 과정을 이수하고 있었다. 수개월 후에 줄리 데보디어는 회사와 기업에 밧줄 과정을 교육하는 '가능한 것'(What's Possible)이라는 새로운 회사를 시작하면서 파트너가 될 두 사람을 만났다.

다음은 줄리 데보디어가 꿈을 이루기까지 밟은 주요한 단계들이다. 이 단계들은 사람들의 개인적 발전을 위하여 도움을 주는 주요한 단계들이다.

- 자연에 대한 사랑   밧줄 과정은 야외에서 이루어진다.
- 모험   매일매일 사람들과 함께 일할 수 있는 새로운 기회가 생기고 다른 이들에게는 모험을 선사한다.
- 충성심   사업 협력은 존경과 책임에 기초를 두고 만들어졌다.
- 협력   사업 동료와 한 팀으로 경험을 나누어야 한다. "하루 종일 팀으로 지내야 한다!"
- 질서/조직   이 사업은 효과적으로 조직이 되어야 하며, 홍보, 등록, 도구, 계약과 같은 세부 사항들을 면밀히 알고 있어야 한다.

사람들은 줄리 데보디어의 가치와 목표가 그녀가 가진 꿈을 더욱 크게 이루기 위해 필요한 네트워킹을 할 수 있는 기회를 준다는 것을 알았다. 그녀가 새로운 직장에서 얻은 것은 "바로 이것이 나야!"라는 확신이었고, 현재 가지고 있는 삶의 질, 기쁨, 평화는 전에는 느낄 수 없었던 것이었다. 지금처럼 그녀는 그녀가 하고 있는 일에 대해 마음속 깊은 곳에서부터 확신을 가진 적이 없었고, 또 이러한 확신을 다른 사람들에게 쉽고 자연스럽게 얘기할 수 있게 되리라고는 생각도 못했다. 줄리 데보디어는 그녀가 믿는 바대로 실천함으로써 그녀의 새로운 사업을 홍보하고 네트워크 하게 되었다.

친구들의 도움으로

도나 피셔

우리의 워크숍에 참여하는 사람들이 프로그램과 관련된 오디오 테이프에 대한 문의를 하기 시작했을 때, '이제는 녹음 작업도 해야겠구나' 하고 생각하게 되었다. 오디오 테이프를 만들어 본 적이 없기 때문에 어디서부터 무엇을 시작해야 하는지 알 수가 없었다. 하지만 분명한 것은 빨리, 너무 고생하지 않고, 즐거운 마음으로 만들고 싶다는 것이었다.

어느 날 내 친구인 테스와 이야기를 하다가 녹음 작업을 어떻게 해야 하는지 고민 중이라고 했다. 그랬더니 테스는 당장 "우리 녹음실에서 녹음을 할 수 있도록 해 줄까?" 하고 말하는 것이 아닌가. (테스는 비디오 제작자였는데, 이때 나는 내가 이미 외로운 보안관 정신에 빠져 있었다는 것을 깨달았다. 왜냐 하면 가장 친한 친구가 내가 당장 필요한 자원을 가지고 있는데 물어볼 생각도 하지 않았으니 말이다!) 그 자리에서 녹음 일정을 잡고 나는 테이프에 녹음할 내용의 골자를 잡고 있었다.

며칠 후에 내가 그 당시 지도하고 있던 '당신의 삶을 디자인하라'는 워크숍의 참여자들에게 전화를 하게 되었다. 그 중에는 진 토그내치(Gene Tognacci) 라는 사람이 있었다. 대화 도중에 나는 진 토그내치에게 그의 사업에 대해 묻게 되었고 그는 그가 방송계에서 일한다고 얘기해 주었다. 그래서 나는 그에게 샌디 바일라스와 내가 파워네트워킹에 관한 테이프를 시리즈로 녹음할 계획이라고 했더니 그가 몇 가지의 좋은 아이디어를 알려 주면서 도와 주기로 했다. 며칠 후에 진 토그내치도 우리가 테이프를 만드는데 함께 일하게 되었다.

진 토그내치가 우리를 위하여 테이프를 제작하게 된 것은 축복이었다. 그는 우리의 대본을 검토해 주었고, 녹음하는 자리에도 함께 있었으며, 테이프도 편집해 주었고, 테이프를 복사하는 일과 레이블, 상자, 그 외의 물품들을 주문하는 데도 도움을 주었다.

이 작업은 우리로서는 처음 경험하는 것이었기에 하마터면 시간도 많이 걸리고 중노동이 될 뻔한 일이었다. 대신에 진 토그내치와 테스의 도움으로 빠르고 즐겁게 일할 수 있었을 뿐만 아니라 많은 것을 배울 수 있었다. 어떠한 결정을 내려야 할 때마다 조언을 구할 사람이 항상 있었다. 우리는 이 작업을 성공적으로 이끌기 위해 목표를 삼은 팀이 되었고, 서로를 격려하였으며 그 이후로부터 계속 유지되어 오고 있는 친분도 그때 쌓게 되었다.

오래된 친구와 새로운 친구가 우리의 꿈을 실현시키는데 결정적인 역할을 하였다. 우리는 최후에 어떠한 결과를 얻어야 하는지 분명히 알고 있었다. 테스와 진 토그내치는 우리가 작업하는 내내 우리를 지도하고 도와 줄 수 있었다. 그들의 도움을 받으면서 협력과 일의 성취를 쉽고, 기쁘고, 즐겁게 얻을 수 있었다는 사실이 너무도 좋았다.

테스와 진 토그내치는 우리의 파워 네트워킹 워크숍에 참여하고 있고, 우리는 때때로 그들을 청중 앞으로 불러 내어서 테이프에 관한 이야기를 나누고, 그들의 도움에 대한 감사를 표한다. 팀의 일원으로 일하는 것이 외로운 보안관 마냥 혼자서 일하는 것보다 즐거운 것은 분명한 사실이다!

행동을 계획하고, 계획에 따라 행동하라

1 당신에게 중요한 가치관과 원칙을 적으라. (판단하거나 생각하지 말고 머리에 떠오르는 대로 빠르게 적으라.) 목록을 만든 다음, 다음의 세 가지 범주를 바탕으로 당신에게 중요한 순서대로 나열하라.

1. 무엇이 나의 삶을 의미 있게 만드는가?
2. 중요하기는 하지만 가장 중요한 것은 아니다.
3. 있으면 좋다.

가치관이란 옳고 그른 것이 아니며, 어떤 가치보다 더 나은 가치가 있는 것은 아니라는 것을 기억하라. 당신의 머리 속에 떠오르는 대로 적으라.

3주간 당신의 목록을 하루에 한 번씩 보라. 매일 각 가치관의 중요도를 다시 나열하라. 3주가 지난 후에 가장 중요한 가치관 항목에 계속해서 기록된 것은 어떤 것인지 살펴보라. 깨끗한 종이를 꺼내서 당신이 중요하게 생각하는 가치관과 원칙을 적으라. 당신의 다이어리, 책상 위 또는 규칙적으로 볼 수 있는 곳에 이 목록을 붙이라.

2 직업, 가족, 친분 관계, 건강, 안녕, 교육, 재정, 개인의 발전과 영성, 취미와 여가 생활 등 모든 분야의 삶에서 성취한 것들을 적으라.

적은 목록을 다시 보고 당신에게 개인적으로 가장 의미 있게 성취한 것들은 무엇인지 표시하라. 그것들을 당신의 네트워크 내의 누군가와 나누라.

3 당신이 소유한 힘과 기술을 적고 다른 사람에게 어떠한 자원으로 사용되고 싶은지를 알아보기 위해 당신의 성취해야 할 목록을 함께 살펴보라. 당신이 도움을 줄 수 있는 한 사람을 생각해서 그 사람에게 지금 당장 전화하라!

4 당신이 외로운 보안관 정신으로 접근한 작업이나 목표를 생각해 보라. 당신의 작업과 목표가 무엇인지 사람들에게 알려줄 수 있는 편지를 써서 그들이 어떤 방식으로 당신을 도울 수 있는지를 알려주라. 편지에 다음의 다섯 가지가 포함되도록 하라.

1. 그들이 당신에게 누구이며 당신에게 해 준 일에 대하여 감사하라.
2. 당신의 프로젝트나 목표가 무엇인지 자세히 설명하고 그것이 당신과 당신의 사업에 어떤 의미가 있는지 자세히 적으라.
3. 당신의 목표를 이루기 위하여 그들이 어떻게 도울 수 있는지 자세히 알려 주라.
4. 그들에게 분명하고 쉽게 응답할 수 있는 방법을 알려 주라.
5. 당신도 그들에게 도움을 줄 수 있다는 것을 알려 주라.

당신 네트워크 내의 적어도 20명에게 이 편지를 보내라.

5 통계에 의하면 사람은 적어도 250명과 교제를 나눈다고 한다. 당신을 250명의 다른 자원과 연결된 250명의 다른 자원들과 연결되고 계속해서 이렇게 연결된 자원(독립적이고 개인적인 존재가 아닌)으로 생각하여 보라.

상상하여 보라. 겨우 알아볼 수 있는 거리에 있는 250명의 사람들과 연결된 250명의 사람들과 또 다시 연결된 250명의 사람들을 상상해보라. 이 연결의 끝에 다다른다는 것은 불가능한 일이다. 그 끝이 가물가물하게 보인다 할지라도 손끝으로 만질 수는 없을 것이다. 그것들이 얼마나 강하게 연결되어 있는지 보라. 가까이 보면 볼수록, 각 회로가 양 방향으로 흐르는 개방된 에너지 채널인 것을 보게 될 것이다. 당신의 손에 전원 스위치가 있다고 상상해 보라. 이때 당신이 알아야 하는 사실은 모든 회로에 빛이 들어오게 하기 위해서는 단순히 전원 스위치를 눌러서 전류가 흐르는데 그쳐서는 안 된다는 것이다. 이제 전원 스위치를 누르고 에너지가 당신과 연결된 회로들을 통해서 다시 당신 안으로 흐르는 것을 느껴 보라!

6 여러 장의 깨끗한 종이를 가지고 일상의 삶에서 그리고 직업적으로 성취하고 싶은 목표들을 적어 보라. 목록을 다 작성하였으면 각 목표와 관계하여 스스로에게 다음과 같은 질문을 하라.

1. 이 목표를 성취하기 위해서 해야 할 일을 시작할 준비가 되었는

가?

2. 이 목표를 성취하기 위해서 마음의 준비가 되었는가?

3. 이 목표를 성취하는데 있어서 가로막고 있던 것들을 포기하거나 변화시킬 준비가 되었는가?

4. 이 목표를 성취하고자 하는 동기가 내가 중요시하는 가치와 원칙과 일치하는가?

당신이 위의 네 질문에 "예"라고 대답할 때마다 그것에 표시를 하라. 전 목록을 이런 방식으로 살펴본 다음에 한 달, 일 년, 삼 년, 팔 년, 또는 십이 년 이상이라고 적으라. 그런 다음 깨끗한 종이를 가져다가 윗 부분에 '이 달의 목표'라고 적고, 한 달 동안 성취하고자 하는 목표들을 적으라. 일 년 안에 성취하고자 하는 목표들은 다른 종이에 적고, 삼 년 안에 성취하고자 하는 목표들은 다른 종이에 적고 계속 이런 방식으로 적어 나가라.

7　당신의 네트워크 일람표를 그리라. 빈 종이의 가운데에 작은 원을 그리고 그 안에 '나'라고 쓰라. 당신의 삶에 영향을 주는 원들을 생각하고 각 원에다 영향을 주는 근원을 적으라. 예를 들어 가족, 교회, 동문회, 조찬 모임, 친목회, 또는 전문인 협회 같은 식으로 말이다. 다음에는 각 원으로부터 선을 그려서 그 단체에서 당신과 친분이 있으면서 영향을 주는 중요한 사람들의 이름을 적으라. 그 사람들로부터 또 선을 그려서 그 사람들이 아는 사람들을 적으라.

제12장

마이더스의 손

네트워크에서 친절하고 예의바른 사람이 되라

8 **당신이 하는 본인의 소개는 당신이 누구이며 무엇을 하는지 전문적으로 나타낸다.**

> *당신이 보여 주는 이미지는, 많은 경우에 있어서, 당신이 가진 기술이나 과거에 성취한 일들보다 더욱 가치 있다.*
>
> 마이클 코다 · 「오그 만디노의 성공의 대학」에서 인용

당신이 전문가로 받아들여지고 싶다면 당신의 행동과 표현에서 전문성을 나타내도록 하라. 당신의 옷, 연설, 습관, 이 모든 것을 포함한 표현이 당신이 누구이며 무엇을 하는지 잘 드러내도록 하라.

당신의 회사나 기업에 맞게 적절한 옷을 입으면서 동시에 당신의 스타일을 살리기 위해서 어떤 옷을 입어야 하는지 생각하라.

□ 모든 경우에 대비할 수 있는 옷장을 구비하라. 당신의 전문적인 수
   준을 대변해 줄 수 있는 좋은 질의 의류를 구입하되 당신의 재정이
   허락하는 한도 내에서 가장 좋은 옷도 구입하라. 좋은 옷 한 두벌을
   갖는 것이 좋지 않은 옷 여러 벌 갖는 것보다 낫다.
□ 액세서리와 복장을 멋지게 소화하도록 하라.
□ 깨끗한 옷에 반짝이는 구두, 깨끗하게 손질된 손톱, 그리고 잘 정돈
   된 머리 모양을 유지하라.
□ 마지막으로 만족스러운 표정과 자연스러운 웃음도 잊지 마라.

특별한 사업상 필요한 모임에서 무엇을 입어야 할지 잘 모르겠다면
전화를 걸어서 물어보라. 모임의 성격에 적합한 격식 이상으로 입는
것이 오히려 격식 이하로 입는 것 보다 낫다. 남성들은 대부분의 경우
에 있어서 넥타이나 코트를 추가하거나 제하면 된다. 여성들은 자신들
의 옷장에 여러 목적의 기능과 행사를 소화할 수 있는 옷과 액세서리
를 준비하면 된다.

당신의 옷장에 있는 옷들에 자신감이 없거나 최신 유행으로 업 그
레이드 하려면 전문적인 이미지 컨설턴트의 서비스를 받기를 추천한
다. 그들을 활용함으로써 당신의 일상의 삶 그리고 직업적인 이미지를
돋보이게 하는 옷장을 만들 수 있을 것이다.

사업을 할 때 자동차를 사용한다면 차 안과 밖을 깨끗이 하라. 현재
와 미래의 고객에게 당신 차의 청결 정도와 상태 때문에 사과를 하거
나 양해를 구하고 싶지는 않을 것이다. 서류 가방을 사용한다면 잘 정
돈되어 있는 멋진 가방을 사용하도록 하라.

또 다른 효과적인 표현 도구는 약속이나 회의를 위해서 문서화된
자료를 미리 준비하여 사용하는 것이다. 현재와 미래의 고객들은 이러

한 자료가 그들의 시간을 효과적으로 사용할 수 있도록 해 주는 것에 고마워할 것이다. 이러한 세부적인 점들은 존경, 감사, 전문성을 나타 내 준다.

당신을 전문가답게 표현하는 것은 당신이 네트워킹을 할 때 힘을 더 실어 주게 될 것이다. 사람들은 존경 받는 동료로 상호 작용할 것이 며 당신에게 더욱 강한 네트워킹 기회를 보내 줄 것이다.

⑨ 당신을 소개할 때 분명하고, 간단하고, 매력 있고, 관심을 끌 수 있도록 하라.

> " 누군가를 소개하거나, 소개를 받거나, 자신을 소개하는 것은 모 든 상황에서 효과적인 네트워킹의 필수 요소이다. 그것이 네트워킹 모임, 사업 모임, 사회에서든 상관 없이 말이다. "
>
> 레슬리 스미스 · 국제 여성 임원협회 공동 이사

당신은 아마도 첫인상의 중요성에 대해 들어 봤을 것이다. 많은 사 람에게 있어서 첫인상은 평생 간다. 당신이 첫인상을 바꿀 수 있는 기 회를 가진다 할지라도 가장 이상적인 것은 처음 당신 자신을 소개할 때 강하고 긍정적으로 소개하는 것이다.

가장 좋은 것은 스스로를 소개할 때 당신에 대해 관심을 갖도록 하 면서 친밀한 관계를 만드는 것이다. 자신을 소개하는데 겨우 7~10초 가 걸린다고 하지만, 당신이 인생을 살면서 자주하게 되는 일이 바로 이것이다. 어떤 사람이 당신에게 "어떤 일을 하세요?"하고 물어 본다

면 당신은 적어도 "회계사입니다"라든가 "변호사입니다" 이상의 답을
하는 것이 좋을 것이다. 이 대답들은 당신이 누구인지만 나타내지, 당
신이 무슨 일을 어떻게 하는지는 알려 주지 않기 때문이다. 당신이 무
엇을 하는지, 어떠한 종류의 서비스를 제공하는지는 사람들에게 알려
주어야 할 중요한 정보이다. 이것은 곧 당신이 누구이며 무엇을 하는
지에 대한 특별한 면을 나타내 주기 때문이다.

당신이 자신을 어떻게 소개하느냐에 따라 사람들의 관심을 끌거나,
흥미가 없어지도록 하거나, 아니면 호기심을 갖도록 할 수 있다. 자신
을 소개할 때 당신 자신과 하는 사업을 강조하여 알릴 수 있는 기회를
갖는 것이 중요하다. 다음의 기준을 지침으로 삼아서 자신을 소개할
때 어떻게 하는 것이 좋을지 시간을 들여 생각해 보라.

강한 자기 소개를 위한 기준

명확성 (Clear)	당신이 무엇을 하는지 사람들이 알도록 하라. 사람들의 호기심을 끄는 것이 중요하기 때문에 혼란 스럽게 해서는 안 된다.
간단명료 (Concise)	KISS의 법칙을 따르라(Keep It Short and Simple: 짧고 간단하게 하라). 7~10초 사이에 당신이 하고 싶은 말을 할 수 있는 소개를 연습하라. 7초 신드롬 은 첫인상이란 누군가를 만나서 7초 이내에 결정된 다는 것을 일컫는 말이다.
차별성 (Distinctive)	전문적이면서 다른 사람들과 차별을 보이도록 하라. 이렇게 할 수 있는 방법으로는 사람들에게 당신은 자 신의 직업을 사랑하고, 고객들에 대한 약속이 무엇을

	의미하며, 당신이 하는 사업의 특별한 면을 말해 주는 것이다.
공감 (Relatable)	사람들이 곧바로 당신에게서 친밀함을 느낄 수 있도록 일반적인 표현(전문 용어 또는 기술 용어가 아닌)이나 예를 들으라.
매력 (Engaging)	당신의 말, 습관, 목소리의 톤, 눈빛을 어떻게 하느냐에 따라 사람들로 하여금 당신에게 호기심과 관심을 가질 수 있도록 할 수 있다. 사람들은 당신의 따뜻함, 미소, 관심, 열심을 기억할 것이다

자신을 소개하는 다음의 두 예를 비교하여 보라.

1. "안녕하세요, 저는 도나 피셔입니다. 연설가이고 세미나를 인도하죠."
2. "안녕하세요, 저는 도나 피셔라고 하며, '파워 네트워킹' 워크숍의 공동 지도자입니다."

첫 번째 소개는 막연하고 평범했다. 두 번째 소개는 좀 더 자세하고, 구분되며, 공감을 얻을 수 있고, 참여를 유도하였기에 더 강하게 다가온다. 두 번째 소개 방식이 사람들의 관심을 더 끌 수 있는 소개이며, 질문을 유도하고, 기억될 수 있는 가능성이 많다.

다른 예도 있다.

3. "안녕하세요, 저는 도나 피셔라고 하며, 디스커버리 세미나의 소

유주입니다. 당신이 원하는 모든 것을 가질 수 있도록 저는 당신에게 언제 어디서든 누구하고든 네트워킹 하는 법을 가르쳐 드릴 수 있습니다!"

4. "안녕하세요, 저는 도나 피셔라고 합니다. 저는 당신이 사업과 삶을 힘차게 할 수 있도록 네트워킹을 가르칩니다.

3번의 예는 매우 엉뚱하며 높은 수준의 정열와 자신감이 아니고서는 불가능하다는 것을 알 수 있다. 반면에 4번의 예는 매우 명확하며, 간단하며, 말하기도 쉬울 뿐 아니라 매우 전문적이다.

위에 제시된 예들 중에서 어느 것이 당신의 스타일과 관심을 끄는지 잘 살펴보라. 여러 상황에서 사용할 수 있는 여러 종류의 인사를 만들고 싶을 수도 있다. 모임에서 자신을 소개할 때 전하고자 하는 메시지를 제대로 전달하는 것이 중요하다.

다음의 예들에서 사람들이 흥미, 따뜻함, 특이함을 어떻게 추가했는지 살펴보자:

1. "안녕하세요, 저는 레인 마브레이라고 합니다. 부동산업자입니다."
2. "안녕하세요, 저는 레인 마브레이라고 합니다. 저는 사람들이 미국인의 꿈인 내 집 갖기를 실현하도록 도와 줍니다. 콘도미니엄부터 성까지 모두 팝니다."

1. "안녕하세요, 저는 앤 보스라고 합니다. 안과 의사입니다."
2. "안녕하세요, 저는 앤 보스라고 하고, 세상을 볼 수 있도록 해 줍니다. 바로 안과 의사죠."

1. "안녕하세요, 저는 몬테 펜들턴입니다. 독점 판매권 컨설턴트입니다."
2. "안녕하세요, 저는 몬테 펜들턴입니다. 저는 작은 회사들이 독점 판매권을 이용하여 큰 회사가 될 수 있도록 도와 줍니다."

1. "안녕하세요, 저는 진 토그내치입니다. 비디오 프로그램을 제작합니다."
2. "안녕하세요, 저는 진 토그내치입니다. 저는 대본부터 상영까지 비디오 프로그램과 관계된 세일즈와 마케팅을 제작합니다."

1. "안녕하세요, 저는 수지 데이비스입니다. 저는 출장 요리업인 저스트 디저트의 사장입니다. 저희는 회사 점심에서 저녁 만찬, 특별 요리도 합니다. 여러분의 재정으로 저희를 이용하실 수 있습니다. 우리의 회사…."
2. "안녕하세요, 저는 저스트 디저트의 사장인 수지 데이비스입니다. 그렇다고 해서 디저트만 출장 요리하는 것은 아닙니다; 군침 도는 행사를 원하지만 재정이 염려되시는 여러분을 돕고 싶습니다."

자기 소개시 상황에 맞게 당신을 표현할 수 있도록 개발하라. 사람들이 당신을 기억할 수 있도록 적절한 표현들을 찾아서 다양한 접근 방식을 연습하라.

일단 자신을 가장 잘 소개할 수 있는 단어와 표현들을 알게 되면 다음에는 각 상황에 맞게 소개에 조금씩 변화만 주면 된다. 자기 소개가 자신의 이름을 말하는 것 만큼 편해질 때까지 거울 앞에서 연습하라.

개인 또는 여러 사람 앞에서 당신을 소개할 기회가 얼마나 많이 있는지 생각해 보라. 사람들이 당신에게 "무엇을 하세요?"라고 물어 보았을 때를 생각해 보라. 당신의 대답은 간단하고 쉽고 자연스러워야 할 것이다. 동시에 사람들의 흥미를 끌고, 전하고자 하는 메시지가 전해지며, 긍정적이고 여운이 남도록 하라.

⑩ 그룹 내에서 마음이 편하게 하고 대화를 효과적으로 이끌어 나가라.

> " 우리는 가장 좋은 첫 말을 어떻게 시작해야 할까 고민하느라 소중한 시간을 낭비하다가 누군가를 만날 기회를 놓치고 만다. "
>
> 수잔 로앤 · 「함께 일하는 방법」 중에서

그룹이나 네트워킹 행사에서 누구를 만나자마자 정식으로 당신의 이름을 말하고 직업이 무엇인지를 말하는 것은 자연스럽지 못할 수 있다. 그러나 대화를 열 수 있는 간단한 말이나 질문으로 사람에게 다가갈 수는 있을 것이다. 일단 대화가 시작되면 적절한 시간에 당신이 누구이며 무엇을 하는지 소개할 수 있게 될 것이다.

대화를 엮어 나가고 친밀한 분위기를 만드는 기술은 네트워킹에서 굉장한 장점으로 작용한다. 대화를 만들어 나가며 어색한 분위기를 깨는 것에 사람들은 쉽게 반응한다. 어떠한 의견(그것이 단순한 말이든 질문이든 간에)도 사람들이 당신과 대화를 할 수 있도록 한다. 엘리베이터, 비행기, 계산대 줄 또는 네트워킹 모임 등 어디에서든 의견을 말할 수 있다. 대화가 단순히 의견을 말하는 것 이상으로 넘어가느냐 마느냐의 문제는 중요하지 않다. 당신은 상호 작용을 위한 기회를 제공함으로써 해야 할 역할을 다한 것이다.

대화를 만들어 나가는 것은 상대방과 공통된 것이 있을 때와 관계가 있다. 그리고 당신은 그 어떠한 사람과도 무엇인가는 공통된 것이 있을 것이다. 같은 모임에 참석한 점, 같은 건물에서 일하는 점, 같은 도시에 사는 점, 같은 가게에서 쇼핑을 하는 점 등 말이다.

대화를 만들어 나가는 예로 다음과 같은 표현이 있다:

- ○○클럽에 어떻게 들어오게 되셨나요?
- 만찬을 하기에 너무도 아름다운 곳이군요!
- 오늘 연설을 하실 분이 분야의 전문가시라지요?
- 이 단체에 대해 얘기 좀 해 주실 수 있나요?
- 쉬지 않고 비행을 할 것 같은데요?
- ○○모임에 처음 참석을 하였습니다.
- 여기 처음이세요? ~~를 소개해 드릴게요.
- 안녕하세요, ~~에 오신 것을 환영합니다.
- 사람들이 이렇게 많이 모일 줄은 몰랐어요.
- 제 고객 중의 하나가 이 세미나에 가라고 하더군요!
- ○○를 찾고 있습니다. 좀 도와 주실 수 있나요?

대화를 만들어 나가는 것은 마치 도움을 주는 것과 같다: 쉽게 반응을 보이고, 간단하고, 솔직하다. 설교를 할 필요도, 가르칠 필요도 또는 사람을 궁지로 몰아넣을 필요도 없다. 사람을 편하게 해야 한다.

사람을 만날 때 자신감을 갖는 두 가지 방법은 첫째, 준비를 하는 것이고 둘째, 연습을 하는 것이다. 사람들에게 편하게 다가갈 수 있도록 대화를 만들어 나가는 것을 연습하라. 친구들과 미리 편안한 상황을 연출하도록 연습하라. 그러면 곧 새로운 사람들을 자연스럽게 맞을 준비가 될 것이다. 당신이 다른 사람을 자연스럽고 편안하게 대하게 될수록 다른 사람들이 또한 편안한 마음으로 당신을 대할 수 있게 될 것이다.

모임 안에서 여유를 가질 수 있는 능력은 사회 활동과 사업을 할 때 당신의 즐거움과 효과를 배로 늘릴 것이다. 대화 기술을 개발함으로써, 사람을 만나는데 더욱 자신감을 가지게 될 것이며, 대화도 만들어 나가고 또한 새로운 네트워킹 기회를 발견하게 될 것이다.

11 사람들이 당신을 기억해 주기를 기다리기보다 당신을 다시 소개하라.

> *먼저 다가와서 손을 내밀고 인사를 하는 역할은 항상 위대한 사람이 한다.*
>
> 데이빗 J. 슈워츠 · 「크게 생각하는 것의 미술」 중에서

전에 만났던 사람에게 당신을 다시 소개하는 것은 예의 바르고 전문적인 행동이다. 당신이 누구였는지 기억해 내야 하는 어색한 부담을 벗을 수 있기 때문에 당신을 다시 소개하는 행동을 사람들은 감사하게 된다. 사람들이 당신의 이름이 무엇인지 기억해 내려고 안간힘을 쓰도록 하지 말라. 결론적으로 말하자면, "저를 기억하세요?"라고 묻지 말

라. 네트워커로서의 당신의 역할은 다른 사람들을 편하게 해 주면서 그들을 도와 주고 강하게 해 주는 것이기 때문이다.

자신을 소개할 때 가능하다면 어디에서 상대를 만났는지, 또는 어떻게 알게 되었는지를 설명하라. 이렇게 함으로써 둘의 관계를 새롭게 시작하고 또 친밀감도 조성하게 되는 것이다.

· 당신을 마지막으로 보았을 때 ~~일을 굉장히 잘하고 있었어요.
· 좀 지났지만, 당신을 ~~에서 만났습니다. 제 이름은 ~~입니다. 지역 실천 위원회에 소속되어 있었습니다.
· 제 이름은 ~~입니다. ~~에서 만났던 것으로 기억합니다만.

상대가 당신을 기억하고 있는 것이 당연한 것처럼 행동하지 말라. 그냥 당신을 다시 소개하고 둘의 관계를 더욱 증진시키기 위하여 현재의 기회를 사용하라.

당신을 다시 소개함으로써 두 사람 사이의 연결이 더욱 강화되고 앞으로는 당신을 기억하게 될 가능성이 더 높다. 또한 순간적인 어색함도 피할 수 있고, 과거의 만남이 대화를 만들어 나가는데 사용될 수도 있는 것이다.

자신을 기억해 준다는 것은 참 감사한 일이지만, 그렇지 못했다고 해서 자신을 무시하는 것이라고 받아들이지 말라. 상대와 적절한 관계를 만듦으로써 상대에게 감사할 수 있는 기회로 활용하라.

12 소개받는 사람의 이름과 누구인지를 외우기 위해 소개받을 때 집중하라.

> *사람들은 당신이 얼마나 많이 아느냐 하는 것에 항상 관심이 있는 것은 아니지만, 당신의 경청하는 자세에 따라 당신이 얼마나 관심이 있는지는 알 수 있다.*
>
> 작자 미상

기억을 되살릴 수 있도록 해 주는 주요 요소들은 집중, 연상 그리고 반복이다. 기억을 효과적으로 되살리기 위해서는 사람에 대한 관심이 많아야 하며 그들을 기억하는 것의 가치를 알아야 한다. 사람들은 기억되기를 바라며, 상대에게 해 줄 수 있는 가장 큰 칭찬은 바로 그 사람의 이름을 듣고 기억해 주는 것이다.

상대의 이름을 확실히 기억할 수 있도록 집중하는 능력은 사람을 만나면서 키울 수 있다. 이렇게 하기 위해서는 각 사람에게 완전히 집중해야 한다. 예를 들어 다음에 무슨 말을 해야 할지를 미리 고민하기보다는 그 사람이 지금 무슨 말을 하고 있는지에 집중하라. 관심을 가지라! 자신을 소개하는 것을 연습해야 하는 이유가 바로 이와 같이 무슨 말을 해야 할지를 고민하기보다 만나고 있는 사람에게 집중해야 하기 때문이다.

사람의 이름을 기억하는 능력을 키우기 위해서는 함께 나누었던 이야기의 내용, 그 사람을 만났던 모임, 또는 그 사람의 직업 등을 연상해 보라. 이 테크닉은 상대의 이름을 기억하게 해 줄 뿐만 아니라, 향후의 네트워킹 가능성과 관련해 어떤 사람을 기억해 내고자 할 때에도 도움이 된다.

사람들과 대화를 하면서 그들에 대해서 배우고, 그들과 관련 지어 보고, 친밀함을 발달시키라. 그들과 이야기를 하면서 그들의 이름을 자연스럽게 사용하라. 그들의 이름을 반복할 때, 대화를 할 때, 또는 다른 사람에게 상대를 소개할 때마다 당신은 상대의 이름을 당신의 기억 속에 (또는 상대방의 기억 속에) 주입하고 있는 것이다. 다음과 같이 반복하여 외울 수 있다.

1. 상대를 소개 받음과 동시에 이름을 귀 기울여 들으라.
2. 상대의 명찰을 보라.
3. 상대의 이름을 대화 중 또는 대화를 마치면서 불러보라.
4. 상대가 명함을 건네줄 때 그의 이름을 다시 한 번 보라.
5. 하루를 마감하기 전에 명함을 다시 한 번 보고 상대의 이름과 직업을 살펴보라.
6. 향후의 행동을 위해 당신의 수첩이나 다이어리에 상대의 이름을 적으라.

상대가 자신을 소개할 때 기억하고, 또 상대를 다른 사람에게 소개할 수 있어야 하기 때문에 기억을 되살리는 것은 네트워커에게 있어 매우 중요하다. 데이터를 저장하고 불러오는 능력이 크면 클수록 당신의 네트워크에 연결된 사람들에게 보다 적극적으로 반응할 수 있다.

⑬ 네트워킹 행사에서 편안함을 주는 주최자가 되라.

> *"사람이 있는 곳에는 친절을 베풀 기회도 항상 있다."*
>
> 세네카

주최자의 역할은 어떠한 모임에서 사람들이 환영을 받고, 편안하고, 소속되어 있다는 느낌을 가질 수 있도록 만드는 데 있다. 당신이 어떤 파티를 주최할 때는 사람들을 환영하고, 안내를 해 주고, 다른 사람들에게도 소개하고, 식사를 할 수 있도록 해 줘야 한다. 당신은 행사를 성공적으로 이끌어가는 동시에 이러한 역할을 잘 수행함으로써 자신의 영향력을 넓혀 나갈 수 있다.

주최자로서 얻게 되는 이점은 많다.

· 행사의 성공과 흐름에 영향을 준다.
· 사람들이 서로 교제를 나누도록 하는 촉매의 역할을 한다.
· 사람들을 서로 소개 시켜주면서 당신의 기억 속에 그들의 이름을 다시 한 번 넣는다.
· 사람들이 편안한 마음이 될 수 있도록 도와 준다.
· 당신 자신은 더욱 여유롭고 편안한 마음이 될 수 있다.

그룹에서 상호 작용을 할 때 새로운 사람들이 다가오면서 대화에 참여하려고 하는지 잘 살펴보라. 그들을 대화에 초대할 때 가능한 한 사람들이 그 사람에 대하여 관심을 갖고 대화를 하고 싶어 할 수 있도

록 그 사람에 관한 이야기를 하는 것이 좋다. 예를 들어,

· 조앤, 지금 ~~에 대해 이야기를 하고 있었어요. 당신도 ~~에 대해 관심이 있지 않나요?
· 톰, 여기 모인 사람들을 소개해 줄께요.
· 존, 진을 소개할께요. 진은 우리가 오디오카세트 시리즈를 만들 수 있도록 도와 주었어요.

많은 사람들이 행사에 참석하면 어색해 하고 새로운 사람을 만나기를 불편해 한다. 당신이 만약 그러한 사람들 중의 하나라면 주최자가 되라. 자신에 대해 신경을 쓰기보다 다른 사람들을 위해 마음을 쓰다 보면 당신이 갖게 되는 불편함은 사라질 것이다. 생각할 것도 없이 당신은 자연스럽게 사람들을 만나고 그들과 상호 작용을 하게 될 것이다.

 당신과 사업을 위해 홍보하고 눈에 보이는 결과를 얻도록 노력하라.

> "마케팅은 긍정적이고 활동적이고 도덕적인 일이 될 수 있다; 훌륭한 마케터가 되기 위해서 허풍쟁이가 될 필요는 없다."
>
> 안소니 O. 푸트만 · 「당신의 서비스를 마케팅하기」 중에서

당신 자신은 당신 사업의 가장 중요한 홍보맨이다. 당신이 무엇을 하는지에 대해, 그리고 어떠한 것을 제공할 수 있는지에 대해 가장 잘

아는 사람은 바로 당신 자신이기 때문이다. 당신을 위해 이러한 것들을 드러내고 그 드러낸 것을 자신의 적절한 홍보를 위해 사용하는 것은 전적으로 당신에게 달린 문제다.

당신이 자라면서 '자기 나팔은 불지 말라' 라는 말을 듣고 자랐다면, 자신을 홍보하는 것이 그다지 편한 일이 아닐 수 있다. 사람들의 관심을 끌기 위해서 큰 소리로 떠들거나 야단법석을 부릴 필요는 없다. 허풍과 거만함 없이 자신감과 전문성만으로 자신을 홍보할 수 있다. 이것은 자기의 나팔을 부는 것과 같은 문제가 아니다. 자신의 재능을 등잔 아래 감추는 문제다!

자신에 대해 좋은 말을 하는 것은 괜찮다. 사실, 당신이 하는 일에 대해서 자신감과 자연스런 열정을 보이는 것이 좋다. 또한 사람들이 당신에게 연락할 때 그들의 필요를 채울 수 있도록 그들에게 당신이 무엇을 제공하는지 알려 주는 것도 중요하다.

15 만나는 모든 사람에게 친절하고 예의바르도록 하라.

> "인생은 친절을 베풀 시간이 부족하다는 것 외에는 결코 짧지 않다."
>
> 랄프 왈도 에머슨 · 「편지와 사회적 목표」 중에서

정신 없이 바쁜 삶은 때로 우리로 하여금 친절과 예의를 잊고 살게 한다. 네트워킹이란 사람과 관계에 관한 것이기에, 친절과 예의는 매우 중요하다. 친절할 수 있는 많은 방법이 있다:

□ 다른 사람을 위해 문이나 엘리베이터를 잡아 주는 것을 잊지 마라.
□ 앉아 있는데 누군가를 소개 받게 되면 일어나서 반가움의 표시로
  악수를 청하라.
□ 다른 사람의 코트를 받아 주라.
□ 차를 탈 때 다른 사람의 차 문을 먼저 열어 주라.
□ 주최자에게 무엇을 도울 수 있을지 물어 보라.
□ 초청을 받은 것에 대해서는 즉시 회답하라.
□ 행사에 참석한 다음에는 감사의 카드를 보내라.

당신이 만나게 된 사람이 당신의 인생에 있어서 중요한 사람이 될
지는 알 수 없는 일이다. 사람들이 당신의 주위에 있는 것을 즐기고 좋
아할 수 있도록 모든 사람에게 존경과 예의로 대하라. 친절하고 예의
있게 행동하는 것은 당신의 네트워킹에 개인적인 힘과 따뜻함을 더할
것이다.

확신에 찬 자기 소개가 갖는 힘

미셸 페레이(Michel Feray)

강하고 확신에 찬 자기 소개는 사람들로 하여금 당신이 그들에게 무엇을 제공할 수 있는지를 알려 주며, 또한 당신이 전하고자 하는 메시지를 효과적으로 전달할 수 있도록 해 준다. 당신이 자신감 있게 자신을 소개할 수 있으면, 당신이 누구이며 무엇을 하는지에 대해 사람들에게 주의를 기울이 면서 더욱 자신 있게 이야기할 수 있다.

미셸 페레이가 들려 주는 이 이야기는 파워 네트워킹의 원칙이 인쇄 서비스 사업에서 자신의 스튜디오를 갖게 하는데 어떻게 도움이 되었는지를 알려 준다. 우리의 파워 네트워킹 워크숍 중의 하나인 "어떻게 하면 긍정적인 첫 인상을 남길 수 있는가"라는 워크숍에서 미셸 페레이는 자원해서 그녀의 소개 내용을 분석 받고 수정 받았다.

그녀는 모든 사람들 앞에 서서 다음과 같이 말했다.

안녕하세요, 저의 이름은 미셸 페레이입니다. 저는 이십 년 간 그래픽 산업에 종사했고 현재는 인쇄 회사에서 색상 분리기기와 인쇄 서비스를 제공하면서 동시에 사진 기사와 그래픽 디자이너로서 프리랜서의 삶을 살고 있습니다. 이렇게 함으로써 고객들을 위하여 여러 일을 할 수가 있습니다. 다르게 말하자면, 저는 고객들이 원하는 로고 디자인을 하기 위한 아이디어 제공에서부터 광고나 책자 제작, 상업 또는 인물 사진 촬영 그리고 인쇄까지 해 드릴 수가 있습니다. 그래픽 미디어 전문가로서의 저의 직업은 고객들이 광고나 책자를 제작하고, 사진을 찍으며, 완전한 책 한 권을 출판하고, 그래픽과 사진 기술로 시각적인 인상을 만들어내며, 인쇄를 통하여 무언가를 만들어 내거나 하는 것에 관계 없이 그들의 필요를 채우는 것입니다.

이것은 두말 할 것도 없이 우리가 요구한 7초 동안의 자기 소개보다 길었고, 나중에는 미셸 페레이 자신이 더듬거리는 문장과 끝없이 이어지는 생각들이라고 했다. 미셸 페레이가 가진 많은 기술과 서비스들은 사람들의 기억이 감당하기에 너무도 많은 정보 때문에 길을 잃었다.

미셸 페레이는 사람들이 내놓는 조언들과 아이디어들을 주의 깊게 듣고는 더욱 간단한 소개를 위한 중요한 요점들을 정리하기 시작했다.

그녀는 세 개의 중요한 부분을 찾았다.

1. 그녀는 누구인가; 미셸 페레이
2. 그녀의 직업 또는 전문 기술; 그래픽, 미디어 전문가
3. 그녀가 사람들에게 알려 주고 싶은 구별된 가치 또는 관심; 그녀가 컨셉 결정에서부터 인쇄까지 그래픽, 사진과 관계된 다양한 서비스를 제공한다는 것

가르침과 조언을 바탕으로 그녀는 사람들의 집중과 관심을 모을 수 있는 여러 개의 다른 소개들을 하게 되었다:

안녕하세요, 저는 미셸 페레이라고 합니다. 저는 초기 컨셉

트에서부터 디자인과 사진, 인쇄까지 고객들이 원하는 다양한 것들을 제작하는 그래픽 미디어 전문가입니다.

미셸 페레이는 자신의 소개를 발전시켜 나가는 과정에서 그녀가 하는 일에 대해 더욱 분명히 알게 되었고 자신감도 생겼다고 했다. 소개를 조정하고 반복하는 과정에서 그녀는 자신의 생각을 말할 때 더욱 더 많은 힘을 얻게 되었다.

그녀는 그 다음 주에 조찬 네트워킹 모임에 초대를 받았다. 미셸 페레이는 다음과 같이 말했다.

저는 저의 새로운 자기 소개 테크닉을 사용하고 싶은 열망을 가지고 있으면서, 아침 식사를 위해 모인 곳이니 만큼 많은 사람들 앞에서 격식을 차리지 않은 모습으로 편하게 소개하는 모습을 상상했습니다. 이곳에 도착해 보니 조찬 모임이 제가 생각했던 것보다 훨씬 더 전문적으로 조직이 되어 있는 것을 발견했습니다. 모임이 시작되면서 각 사람이 일어나서 그룹에 자신을 소개하기 시작했습니다. 사실 이러한 사람들 앞에 설 준비가 되었는지 확신이 안 섰지만, 저의 순서가 다가옴에 따라 워크숍에서 배운 것들이 저로 하여금 일어날 수 있는 용기를 주었습니다.

저는 자신을 가장 잘 소개한 사람에게 상을 주는지 몰랐습니다. 모임이 끝날 때가 되자 수상자들을 호명하기 시작했습니다. 표창장의 내용이 사람들 앞에서 낭독되었습니다. "이 상을 미셸 페레이에게 드립니다. 그녀의 뛰어난 발표를 기억하며 수여합니다. 자신의 직업에 대해 가장 간략하면서도 기억에 남는 소개를 하였으므로 이에 이 모임의 심사 위원들이…". 표창장을 받기 위해 단 위로 올라갈 때 처음 참석한 사람이 이 상을 받는 것은 흔치 않은 일이라는 이야기를 들었어요!

이러한 조언으로 미셸 페레이는 더욱 더 많은 자신감을 얻고 관심과 부탁도 받게 됨으로써 사업이 번창하게 되었다. 다섯 달 후, 미셸 페레이의 네트워킹이 효과를 거두어 감에 따라 그녀와 그녀의 파트너는 독립하여 새로운 사무실도 만들고, 함께 멋진 디자인실과 사진관을 만들었다.

미셸 페레이는 우리에게 보내는 편지에서 "제가 배운 소개와 자신감, 테크닉이 정말 잘 되요! 저와 제 파트너는 이 모든 것을 사용함으로써 우리 회사는 전에 없던 성공을 거두고 있어요. 네트워킹, 도움 부탁, 그래픽 미디어 전문가들로서 창조적 전문성을 제공한지 채 일년이 지나기도 전에 이미 단골 고객들이 생겼어요!"라고 환호했다.

이 이야기는 강한 자기 소개 없이도 행복한 결말을 갖게 되었겠지만, 이로 인해 나타난 힘은 미셸 페레이로 하여금 기대했던 것보다 더욱 빠른 속도로 나타난 사례이다. 자기 소개의 중요성을 과소 평가하지 말라. 확신에 차고 잘 준비된 자기 소개서를 가지고 당신과 당신의 사업을 홍보하여 사람들의 관심을 유발하는 것은 당신에게 주어진 기회이다.

행동을 계획하고, 계획에 따라 행동하라

8 당신의 옷장, 자동차, 사무실을 정리하라. 당신이 스스로 설정한 전문적인 이미지와 당신의 표현이 일치하도록 할 일이나 사야 할 것의 목록을 만들라.

9 다음과 같은 기준을 만족하는 자기 소개서를 작성하라: 분명하고, 간략하며, 구별되고, 공감이 가며, 연관성이 있도록 하라. 소개를 반복해서 연습하면서 고칠 것은 고치라. 객관적인 평가를 해 줄 수 있는 지도자나 선배와 함께 당신의 아이디어를 수정하라. (지도자에게 당신이 자기 소개를 통하여 성취하고 싶은 것을 설명하라.) 거울 앞에서도 연습하고, 어법, 억양, 목소리 톤도 다양하게 해서 연습해 보라. 소개하는 것을 카세트에 녹음해서 들어 보는 것도 좋은 방법이다. 자기 소개가 당신과 다른 사람들을 한데 묶을 수 있도록 당신이 누구이며 어떠한 것을 제공해 줄 수 있는지에 대한 설명을 할 수 있을 때까지 연습하라.

10 모임과 행사에서 다른 사람에게 다가갈 때, 부담없이 사용할 수 있는 여섯 가지의 대화 형태(말이나 질문)를 만들어 적어 보라. 어떠한 행사에 참석하기 전에 그 행사에 적절한 대화 형태로는 어떤 것들이

있을까 다시 한 번 생각해 보라. 행사가 끝난 다음에는 어느 것이 그 상황에 맞게 당신과 다른 사람들을 친밀하게 했는지 평가하라.

11 오랫동안 못 보았거나, 잠시 동안만 만났었거나, 또는 당신을 기억하지 못할지도 모른다는 생각 때문에 쉽게 다가가지 못하는 사람에게 접근을 해야겠다고 다짐하라. 그들에게 다가가기 전에 그들이 누구인지, 어디에서 만났는지, 또는 어떻게 알게 되었는지 잠시 시간을 내어 생각하라. 당신을 다시 소개하기 위해서 어떠한 말을 할지 생각한 다음에 그들에게 다가가라.

12 이름과 얼굴을 기억할 수 있는 당신의 능력을 확언하는 문장을 적으라. 종이를 세로로 반으로 접고 확언하는 문장은 왼쪽에, 머리 속의 반응은 오른쪽에 적으라. 확언하는 문장 다음에 머리 속의 반응을 적는 식으로 반응이 긍정적이 되고 확언하는 문장과 일치할 때까지 적어 나가라. 21일간 매일 이 일을 반복하라. 예를 들면 다음과 같다.

확언하는 문장:	머리 속 반응:
이름을 쉽게 기억해 낼 수 있다.	그래? ~~는 잊어 버렸잖아.
이름을 쉽게 기억해 낼 수 있다.	좋아, 하지만~~
이름을 쉽게 기억해 낼 수 있다.	그러면 참 좋겠는걸?
이름을 쉽게 기억해 낼 수 있다.	아마 나는 ~~을 할 수 있을 거야.
이름을 쉽게 기억해 낼 수 있다.	난 할 수 있어!

이것은 단순히 예에 불과하다. 사실 부정적인 반응에서 지속적으로 긍정적 반응을 만들어 내기까지는 훨씬 더 많은 노력을 해야 할 것이다.

13 네트워크 모임에 참석해서 상황이 되면 주최자의 역할을 해 보라. 당신이 준비한 모임이며 주위 사람들은 초대한 고객들이라고 생각해 보라. 주최자의 역할을 하는데 정신을 모으고 모임이 끝난 다음에는 당신의 생각과 관찰한 것을 적으라.

14 혼자 있을 때 거울 앞에 서서, 다음의 성격을 연기하면서 자신을 소개하여 보라.

□ 거만함
□ 수줍음
□ 자신감 있음
□ 더욱 거만함
□ 더욱 수줍음 많음
□ 자신감이 넘침

15 당신 나름대로의 친절하고 예의바른 행동에 대한 목록을 적으라.

제13장

만남의 첫 단계

받은 명함을 소중히 다루라

 당신의 명함은 당신이 누구이며, 무엇을 하는지 관심을 끌도록 잘 나타낸다.

> *명함이 존재하는 목적은 당신을 기억할 수 있는 명확하고 물리적 인 방법을 주기 위해서다.*
>
> 수잔 로앤 · 「함께 일하는 방법」 중에서

당신의 명함은 다른 사람들이 당신에게 연락할 수 있도록 해 주는 카드이다. 당신이 그 자리에 없어도 당신이 누구인지를 대변해 주고, 명함을 건네 준 후 시간이 많이 지났어도 당신과 당신의 사업을 대변해 준다. 당신의 명함을 눈길과 관심을 끌고, 알아보기 쉽도록 디자인하여서 사람들이 당신에 대해 기억했으면 하는 메시지를 전달하도록 하라.

이 작은 사업 커뮤니케이션 보증 조각은 실력 있는 그래픽 디자이너의 재능을 사용해야 할 정도의 시간과 돈을 투자하기에 충분한 가치가 있다. 선택할 수 있는 여러 아이디어를 요구하고 색상, 디자인, 글씨체, 종이의 질감까지 신경 써서 선택하라. 또한 당신의 사무실에 있는 다른 서식들과 어울리도록 하라.

당신의 명함은 당신의 사업에 대하여 정보와 설명해야 한다. (1)너무 많은 내용을 넣지 말고, (2)너무 작게 인쇄하지 말고, (3)읽거나 이해하기에 난해하지 않도록 주의하라. 당신의 명함의 목적이 당신의 이름, 사업, 주소, 전화번호를 간단하게 알려 주기 위한 것임을 잊지 마라.

당신에게 연락할 수 있는 카드는 바로 당신 자신이다. 많은 사람들이 당신을 보고, 당신을 만나지 않은 사람들에게도 당신에 대해 알려주며, 당신이 누구이며 무엇을 하는지를 다른 사람들에게 기억시키는 도구로 사용될 것이다.

 17 어떠한 상황에서도 나누어 줄 수 있는 명함을 충분히 준비하라.

    '준비가 되어질 수 있도록' 시간을 들이는 것이 당신이 할 수 있는 가장 좋은 투자일 것이다.

수잔 로앤 · 「함께 일하는 방법」 중에서

당신이 사용하게 될 거라고 생각되는 명함의 양보다 항상 더 많이 가지고 다니고, 당신의 명함은 언제나 나누어 줄 수 있게 정리하라. 모임에 참석하게 된다면 얼마나 많은 사람이 참석할 것이며, 어떤 종류의 네트워킹 기회가 주어질지 사전에 알아보라.

명함은 언제나 같은 곳에 넣어 두어서 쉽게 꺼낼 수 있도록 하라. 다른 사람들이 당신에게 준 명함과 섞이지 않도록 하라; 명함 무더기 속을 뒤지지 않으면서 당신의 명함을 나누어 주어야 할 테니까 말이다. 가장 이상적인 방법은 한 주머니에는 당신의 명함을, 다른 주머니에는 다른 사람으로부터 받는 명함을 넣어서 명함을 꺼내고 넣는데 시간을 들이지 않는 것이다. 또 하나의 주머니는 특별할 경우를 위해서 사용하라. 또한 펜도 준비하여서 당신이 받는 카드에 그 사람에 대한 중요한 내용을 적을 수 있도록 하라.

조금 더 준비함으로써 더 오래 지속되는 관계를 가질 수 있다. 행사에서 돌아온 다음에는 다음 번에 또 사용할 수 있도록 당신의 명함들을 재 장전하라. 미리미리 준비함으로써 당신이 만나는 사람들과 교제를 하는데 필요한 명함들을 충분히 가지고 있어야 한다.

18 당신의 명함을 적절하게 나누어 주라.

> "명함을 교환할 때에는 친밀한 대화 이후에 하는 것이 좋다."
>
> 수잔 로앤 · 「함께 일하는 방법」 중에서

명함을 일방적으로 나누어 주는 것은 명함을 사용하는 효과적인 방법이 아니다. 그냥 잊어버리게 되거나 버려지도록 명함을 나누어 주지 말라. 정말 중요한 연락이 올 것임을 확인한 다음에 그 연락이 가능할 수 있는 방편으로 명함을 나누어 주라.

명함을 교환할 때에는 서로간의 친밀감과 확실한 사업상의 연결, 뒤이은 관계를 예상할 수 있어야 한다. 당신의 네트워크에 포함될 수 있는 사람들이 연락할 수 있는 명함임을 기억하라. 진지한 태도로 당신의 명함을 상대방에게 건네 준다면, 그도 당신의 명함을 진지한 마음으로 받고, 이어지는 관계에도 진지하게 대할 것이다.

누군가에게 조언을 해 주거나 누군가를 소개할 때 당신의 명함을 사용하면 더욱 좋다. 누군가를 소개하고자 한다면 당신의 명함 뒤에 그 사람의 이름과 전화번호, 그리고 그 사람이 하는 일을 적으라.

모든 만남이 네트워킹을 할 수 있는 기회이지만 네트워킹 남용자가 되지 말라(제2장을 보라). 네트워크 남용자들은 자신들의 생각에만 관심이 있기 때문에 방해를 하고, 사람들과 친밀함을 만들기도 전에 명함을 모으며, 다른 사람들에게 도움을 주거나 감사를 하는 것을 잊는다.

모임과 상황에 맞게 행동하라. 사회 모임에서는 모임의 목적에 주목하라. 중요한 기회가 생긴다면 조심스럽게 명함을 교환하고 이후의 사업상 모임을 계획하라.

19 상대와 향후의 약속에 대한 기억을 되살릴 수 있도록 당신이 받은 명함에 그 사람에 대한 메모를 하라.

사람들은 당신이 얼마나 신경을 써 주는지 알기까지 당신이 얼마나 알고 있는지는 신경 쓰지 않는다.

하비 B. 맥케이 · 「먹히지 않고 상어들과 수영하기」 중에서 명함이란 당신이 사람들을 빨리 기억하고 연락할 수 있는 도구이다. 당신이 누군가를 만난 후 명함에 그 사람에 대한 메모를 하기 바란다. 다음과 같은 정보를 메모하면 좋다.

- 날짜
- 모임 또는 행사
- 주요 대화 내용
- 모임의 상황
- 누가 당신을 소개했는가
- 상대에 대한 흥미로운 정보
- 그 후에 만나기로 한 약속

이렇게 함으로써 향후에 그 사람과 연락할 일이 있으면 그 사람이 누구인지를 효과적으로 기억할 수 있다. 누군가에 대해서 더 많이 알수록 그 사람에 대해 더 많이 기억하게 된다. 그리고 연락도 취할 수 있게 되는 것이다.

가장 적절할 때 명함에 메모를 하라. 대화가 끝났을 때나 그때그때 여유가 생길 때마다 당신이 알아서 메모 하면 될 것이다. 아니면 대화 내용이 아직도 기억이 날 때 차나 사무실에 돌아와서 해도 된다. 상대와 향후에 만나거나 연락할 약속을 한다면 그 자리에서 적절하게 메모를 하는 것도 좋은 방법이다. 이렇게 하면 상대로 하여금 당신이 향후에 그 사람을 만나고자 한다는 것을 알려 주는 것이 된다.

언제나 명함을 다시 살펴보고, 향후에 약속한 것이 있으면 다이어리에 적으며 파일로 정리하라. 이렇게 함으로써 시간이 지나더라도 잊어버리는 정보가 없을 것이며, 당신의 기억에 정보가 저장될 것이다.

■ 네트워킹에 적용하기 ■

기회를 잡는 것은 중요한 결과를 가져온다

샌디 바일라스

나는 오찬 네트워킹에서 발표하게 되면서 모임 장소인 호텔에 한 시간 반 전에 도착하였다. 오찬 네트워킹의 회원 중 한 명인 잭 팔라스라는 분이 다가와서 자신을 소개하면서 다른 회의에 참석해야 하기 때문에 모임에 참석하지 못할 것 같다면서 아쉬움을 표했다.

우리의 대화는 매우 짧았지만, 이야기를 더 나눌 수 있으면 좋겠다는 마음이 들어서 내가 사무실로 돌아가면 전화하겠다고 약속했다. 우린 서로 명함을 교환하고 그가 준 명함 뒤에 나는 그에게 전화하기로 했다는 메모를 했다. 그런 다음 나는 그 명함을 양복 상의 안주머니에 넣고 발표하러 갔다. (나는 그 주머니를 향후에 약속을 잡은 사람들의 명함을 넣는데 사용한다. 그 외에 한'주머니는 나의 명함을 넣는데 사용하고, 다른 주머니는 곧바로 연락할 필요가 없는 사람들의 명함을 넣는다.)

오찬 모임 후에, 나는 사무실로 돌아와서 명함을 꺼내서 전화했다. 곧바로 친근한 분위기가 만들어졌고, 서로에 대해 더 자세히 알게 되었으며, 뉴저지 주에 있는 중개업 회사의 재정 기획자로서의 잭 팔라스의 역할에 대해 이야기를 듣게 되었다. 잭 팔라스는 나를 그 회사의 회장에게 소개해 주었고, 잭 팔라스의 추천으로 2주 내에 그의 회사와 우리 회사는 판매 계약을 맺게 되었다. 그의 회사와 우리 회사가 맺은 이 판매 계약은 그 해 중개업 회사 중에서 맺은 계약 중 가장 큰 것이었고, 그의 회사와의 계약으로 내 수입과 우리 회사의 발전에 눈에 띄

117

는 진척을 가져다 주었다.

　순간적인 네트워킹 만남이 줄 수 있는 기회와 관계가 무엇인지 미리 알 수는 없다. 당신의 명함을 친밀함과 확실한 약속을 잡는데 필요한 도구로 사용하라. 당신의 명함은 당신에게 연락을 취할 수 있는 전화 카드이다. 명함 없이 사무실을 나서지 말라.

행동을 계획하고, 계획에 따라 행동하라

16 손에 당신의 명함을 들고 다음의 질문들에 답하라.

- □ 눈에 잘 띄고 관심을 끌만한가?
- □ 내가 누구이며 무엇을 제공하는지 분명히 밝혀주는가?
- □ 사람들이 내게 연락을 취하려고 할 때 필요한 모든 정보가 들어 있는가?
- □ 모든 정보가 정확하며 알아보기 쉬운가?
- □ 내가 원하는 수준의 디자인으로 되어 있는가?
- □ 다른 사람들에게 나누어 줄 수 있을 정도로 마음 뿌듯하게 하는 명함인가?
- □ 명함에 변화를 주어야 할 부분은 없는가?

위의 질문에 대한 답을 바탕으로 개선해야 할 점을 곧 행동으로 옮기도록 하라.

17 당신의 명함이 얼마나 남았는지 확인하고, 더 필요하다면 주문하라 (16번의 질문들에 따라 명함을 확인한 다음에 말이다). 충분한 명함을 당신의 수첩, 서류 가방, 또는 지갑에 넣으라. 추가의 명함들은 자동차의 사물함에 넣어 두라. 명함들이 지저분해지지 않도록 비닐 봉

지에 싸서 넣어 두라.

18　두 주 동안 당신 자신을 상대로 명함을 나누어 주는 게임을 하라. 명함을 나누어 주는 규칙은 (1)사람들이 명함을 요구할 때와 (2)그들에게 누군가를 소개할 때, 그리고 (3)그들에게 도움을 줄 때와 그들이 당신과 연락을 하려면 어떻게 해야 하는지 알고 싶어할 때에만 나누어 주는 것이다.

19　하루를 마감하기 전에 받은 명함들을 다시 살펴보고 우측 상단에 날짜를 표시하라. 또한 앞면 또는 뒷면에 상대를 어디에서 만났는지, 향후의 약속은 잡았는지, 상대에 대한 흥미로운 발견이나, (경우에 따라서) 누가 소개를 하였는지, 또한 도움이 될만한 다른 정보들을 적으라. 메모를 명함의 뒷면에 했다면 앞면에 괄호를 치고 뒷면이라고 쓰면 뒷면을 보는 것을 잊지 않을 것이다.

제14장

사려 깊은 사람이란 기억하는 사람이다

감사하는 마음으로 네트워크를 보살피라

20 매일 감사 인사를 받고 또 하라.

> *성공하는 사람은 그가 가진 모든 것에 감사할 줄 아는 사람이*
> *다.*
>
> 알렌 코헨 · 「여기에는 용이 더 이상 살지 않는다」 중에서

감사란 다른 사람에게 긍정적인 조언을 해 주는 것이다. 이것은 그 사람이 한 행동 중에 무엇이 감사할 만한 행동인지를 알려 주는 것이기 때문에 간단하면서도 강력한 도구이다. 감사란 사람들을 칭찬하는 것 이상의 것이다. 감사란 그들에게 진실되고, 건설적인 조언을 제공함으로써 그들로 하여금 더욱 자신있게 행동하도록 한다.

주위에서 일어나는 일을 주의 깊게 살펴본다고 하자. 주위의 사람

들, 그들이 하는 일, 그리고 그들이 어떻게 헌신하고 있는지를 살펴보라. 다른 사람들이 당신의 마음—그들에게 감사의 마음을 품고 있다는 것—을 알고 있다고 으레 짐작하지 말라. 예를 들어 어떤 사람이 도움을 주고 있거나, 일을 잘 하고 있거나, 또는 적극적인 네트워커라면 그 점에 대해 감사를 표현하라. 소개를 받아서 이익을 얻었다면, 소개를 해 주어서 많은 도움이 되었다는 사실을 그에게 알리라. 당신이 마음속 깊은 곳에서부터 진정으로 감사해 하는 정도를 넘어서서 감사하는 법은 없다.

감사를 하며, 받는 일에는 굉장한 힘이 있다. 나누는 형식으로 진행되는 일이기 때문에 어느 정도의 약점이 있어야 한다. 이 약점은 당신의 네트워킹 관계에서의 믿음과 존경을 더하여 더 강한 유대를 형성할 것이다.

보답을 바라지 말고 진심으로 그 즉시 그리고 친절하게 감사하라. 당신의 네트워크에서 당신은 감사의 촉매자로서 본이 될 것이다.

21 당신이 그 사람을 직접적으로 알든 모르든 당신에게 영감을 준 사람에게 감사하라.

> “위대하면서 성공한 사람들은 시기하는 것보다 칭찬할 수 있는 넓은 마음을 품고 있다.”
>
> 데이빗 던 · 「자신을 나누어 주라」 중에서

영감(靈感)은 당신이 아는 사람, 읽은 것, 또는 관찰한 것에서 얻을 수 있다. 어떠한 경우이든 간에, 영감이 당신의 오래된 친구로부터 얻든, 사소한 일에서 얻든, 유명한 사람에게서 얻든, 공동체의 지도자에게서 얻든 당신에게 영감을 준 사람에게 항상 감사하는 것을 잊지 말라.

당신에게 영감을 줄 수 있는 사람은 끝없이 많다.

작가	동료	가족
사업가	교육자	친구
아이들	고용인	배우자
자원봉사자	공동체 지도자	고용주

그 사람들이 이미 다른 사람들로부터 충분한 감사를 받았다고 예측하지 말라. 대부분의 사람들은 좋은 뜻을 가지고 있지만 칭찬이나 격려의 말을 전하는 것을 잊는다. 당신이 노력해 준 것이 알려지고 칭찬을 받을 때 얼마나 기분이 좋은지 기억해 보라. 이러한 마음을 당신에게 영감을 주고, 귀감이 되며, 당신을 위해 도움을 준 사람들도 느낄 수 있도록 칭찬과 감사를 하라.

 적절한 시간과 태도를 가지고 당신의 네트워크를 전화, 편지, 선물로 보살펴라.

“ *다른 사람을 칭찬하는 사람은 칭찬을 받는 사람보다 훨씬 더 부*

유하게 된다. 칭찬은 기쁨에 투자하는 것이다. 🙶

데이빗 던 · 「자신을 나누어 주라」 중에서

　보살핀다는 말은 성장과 발달을 돕는다는 것이다. 당신은 당신의 네트워크가 강한 연락망과 도움을 주는 관계들로 성장하고 발달할 수 있도록 그것을 보살필 수 있다. 네트워크 계량기가 있다면, 그것의 측정 바늘은 네트워크 내의 관계의 질에 따라 올라갈 것이다. 그리고 그 관계들은 시간, 에너지, 관심을 줄 때 가장 잘 자라고 발달한다.

　사람들과 꾸준히 연락하는 것은 당신의 네트워크를 활기차고 건강하게 유지해 줄 것이다. 이것은 편지, 카드, 전화, 선물, 방문으로 손쉽게 유지할 수 있다. 다음과 같은 방법으로 네트워크하는 습관을 발달시키라.

□ 매주, 지난 세 달 간 한번도 연락해 본 적이 없는 사람에게 전화하라. 이것은 당신의 숨겨진 네트워크를 다시 활성화시키는 방법이다

□ 누군가 당신에게 어떤 식으로든 도움을 주었다면 즉시 선물이나 편지를 보내라.

□ 당신이 속한 네트워크 내의 사람이 흥미로워 하거나 도움이 될 수 있는 모임에 당신이 참여하게 되었다면 그 사람도 함께 초청하라.

□ 신문과 잡지 등을 주의 깊게 읽고 필요한 것을 스크랩하라. 당신이 아는 사람이 신문에 나왔다면 그 기사와 축하편지를 보내라. 누군가의 사업, 기업, 또는 개인적인 작업과 관계된 기사를 발견하면 그것을 짧은 편지와 함께 그 사람에게 보내라.

다음은 정기적으로 편지를 보내는 습관을 위한 추가적인 아이디어들이다.

□ 작은 휴대용 카드를 지니고 다녀라.
□ 당신의 시간 사용 계획 중에 사람들에게 편지 쓰는 시간을 배정하라.
□ 비행기 내 또는 출근 시간을 활용하거나(직접 운전을 하지 않는다면), 또는 하루 중에 아무 때나 시간이 자유로울 때를 활용하여 감사 편지를 쓰라.
□ 편지를 쓰고 싶은 사람이 생기거든 즉시 쓰거나 해야 할 일 목록에 적으라.

매주 첫째 날에 당신의 서류 가방에 휴대용 카드를 어느 정도 넣고 다음 주를 위해서 가방을 재정비하기까지 모두 쓸 수 있도록 하라.

편지를 시작할 때 사용할 수 있는 몇 가지의 표현들이다.

· ~~에 감사를 드립니다.
· ~~해 주셔서 감사합니다.
· ~~할 수 있어서 너무 좋았어요.
· 당신이 어제 도와 준 일은~~
· ~~에서 당신(당신 회사)에 대해 읽을 수 있어서 좋았습니다.
· ~~을 축하 드립니다.

편지의 효과는 사람들이 알고 있는 것보다 훨씬 크다. 편지는 상대의 행동을 힘있게 해 줄 뿐 아니라 보내는 사람에게도 감사를 표할 수 있는 기회를 준다. 편지를 쓰는 행동을 취함으로써 양쪽에 완전한 영향을 줄 수 있다.

당신의 자원를 카드, 편지, 그리고 선물로 보살피는 동안 당신의 네트워크는 성장하고 번창할 것이다. 살아있는 모든 생물체는 먹여 줘야 하고 보살펴야 하듯이 당신의 네트워크도 당신이 정기적으로 연락하고, 소개하고, 감사해 하고, 참여하면서 보살펴야 한다.

23 개인적인 사용을 목적으로 정리된 메모 카드를 사용하라.

> *"손으로 쓴 메모는 개인적인 보살핌, 생각, 그리고 들인 시간을 나타낸다."*
>
> 수잔 로앤 · 「함께 일하는 방법」 중에서

네트워커로서 당신은 네트워크 내의 다양한 사람들에게 편지를 보낼 기회가 많을 것이다. 당신과 회사를 위해 특별히 제작된 메모 카드는 당신의 헌신에 매우 전문적이고 성공적인 이미지를 주게 될 것이다. 개인용으로 제작된 메모 카드는 당신과 당신 회사에 대한 시각적인 기억을 되살리는 동시에 사람들과 쉽고 편리한 방법으로 연락할 수 있는 기능을 제공한다.

컴퓨터의 등장으로 더욱 손쉽게 편지를 쓰고 답장을 보낼 수 있게 되었지만, 손으로 쓴 편지는 커뮤니케이션에 있어 여전히 소중하고 정다운 방식으로 사랑 받고 있다. A.T. 크로스 사(社)에서 설문 조사한 바에 의하면 응답자의 60%가 편지를 쓸 시간을 더 갖기 원한다고 답

변했다. 오늘날 서로 연락할 수 있는 속도가 더욱 빨라지고 있다고는 하나, 손으로 쓰는 편지는 감사하는 마음을 전할 때 가장 진심어린 방법으로 애용되고 있다. 손으로 쓴 편지는 돌봄, 사려 깊음, 진실을 대변한다.

메모 카드가 당신의 연락 방법에 추가될 수 있도록 하라. 당신의 고객, 동료, 친구 네트워커들에게 편지를 보내면서 즐거워하는 자신을 발견하게 될 것이다.

24 칭찬과 도움을 감사하는 마음으로 받아들이라.

“강한 자와 약한 자를 구분하는데 친절함보다 더 확실한 것은 없다.”

셰리 수잰 코헨 · 「부드러운 힘」 중에서

어떤 사람들은 “뭘요, 아무것도 아닌 걸요”라고 말함으로써 감사의 인사를 무용지물로 만들어 버린다. 생각해 보면, 이러한 반응은 감사하는 사람이나, 감사 그 자체나, 감사를 받는 사람에게 모두 좋지 못한 반응이다. 어떤 사람이 당신에게 피드백의 형식으로 조언하고, 칭찬하고 격려한다면, 당신이 할 수 있는 일은 그 사람이 하는 말을 감사하게 받아들이는 것이다. 또한 그 사람이 단순히 사실을 이야기하는 것으로 생각할 수도 있을 것이다. 당신은 자신에 대한 판단과 기대 때문에 남들이 보는 자신의 모습을 못 봤다고 생각하고 말이다. 칭찬을 받아들일 줄 모른다면, 당신은 아마도 ‘그냥 가만히 있었더라면’, ‘내가 ~~

를 했어야 했는데', 혹은 '~~가 있었더라면 좋았을걸' 같은 부정적인 생각에 빠져들지도 모른다. 이렇게 하면 결국 당신이 성취한 것에 대한 감사, 만족, 기쁨을 놓칠 수밖에 없다.

도움을 받을 때 감사하도록 하라. 사람들이 당신을 돕고 싶어한다는 것은 매우 큰 칭찬이며 영광이고, 도움을 줄 때 기꺼이 받아들이는 것은 칭찬할 만한 일이다. 파워 네트워커로서 당신이 성취하고자 하는 것을 가장 쉽게, 즐겁게, 성공적으로 이루기 위해서는 도움을 받아들이는 법도 알아야 한다.

누군가가 당신에게 감사하거나 도움을 주고자 할 때 "감사합니다"라는 말은 언제나 가장 기본적인 반응이다. 고마움과 겸손함으로 칭찬과 도움을 받을 수 있는 능력을 키우라.

■■ 네트워킹에 적용하기 ■■

영부인에게 보내는 속달 편지

도나 피셔

칠 년 동안 나는 비영리 단체에서 자원 봉사 프로그램을 전담했다. 나는 자원 봉사를 알리고 돕는데 특별한 애정을 가지고 있으며 미국 전역에 걸쳐서 '자원 봉사: 이 나라를 지탱하는 힘'이라는 주제의 강의를 여러 번 했다.

조지 부시 행정부 초기에 '빛의 천 가지 핵심'이라는 프로그램이 성공적으로 알려지고 있을 때, 자원 봉사 홍보 활동 중 하나로 나는 바바라 부시, 당시 영부인에게 편지를 쓰기로 했다. 자원 봉사 정신이 그녀의 주위에 있는 사람들에게도 서서히 관심을 받고 있다는 사실과 언론 홍보에 힘이 되어 준 것에 감사를 표하고 싶었다. 또한 다른 사람들에게 귀한 본이 되어 주어서 감사를 드리며, 휴스턴에 있는 그녀 주위의 사람들에게 나도 도움을 주고 싶다는 뜻을 전하고 싶었다.

이런 뜻을 전하고자 편지를 쓰고, 다시 고쳐 쓰곤 했다. 마침내 이 편지를 다 써서 발송하려고 할 때, 모든 사람은 나로부터 넷에서 다섯 사람을 건너 있다는 개념이 머리에 떠올랐다. 내가 쓴 편지에다 바바라 부시 여사 귀하, 백악관, 워싱턴 D.C.라고 쓸지, 아니면 편지를 전할 더 좋은 방법이 있을지를 생각하게 되었다. 이 가능성에 대해 샌디 바일라스와 의논하니 그는 무언가를 확인해 봐야겠다고 말했다. 부시 가족과 어떻게 연관된지는 몰라도 어떤 식으로든 연관이 있는 짐 피어스라는 대학 동기를 기억해 낸 것이다. 샌디 바일라스는 짐 피어스에게 전화해서 상황을 설명하고, 짐 피어스는 그 편지를 주말에 만나기로 약속한 그녀의 고모에게 전해 주기로 했는데, 그 고모가 바로 바바라 부시 여사였다. 그날 오후에 편지를 짐 피어스에게 전해 주었고, 이 감사와 도움을 전하고자 하는 뜻을 담은 편지가 바바라 부시 여사의 손에 직접 전달될 것을 생각하니 몹시 기뻤다.

이 편지를 어떻게든 되겠지 하는 마음으로 우체통에 넣었으면 더 편했을지도 모른다. 그러나 결과는 장담할 수 없을 것이다.

부시 여사에게서 답장을 받았을 때도 정말 기뻤다. 그러나 답장을 받든지 못 받든지 간에 편지를 쓰고 보내는 것만으로도 만족스러운 일이었다. 이 이야기는 상대가 누구이든지 간에 상관없이 타인에게 감사를 표현하고, 주위에 있는 자원을 활용하고, 성공을 이루기 위해 필요한 모든 가능성에 대해 불가능하다는 생각을 미리 갖지 말라는 뜻으로 내 자신의 경험을 나눈 것이다.

통계에 의하면 우리가 만나고, 연락하고, 대화를 하고 싶은 상대가 단순히 4~5 사람 건너에 있다고 한다. '글로벌 징검다리'(global stepping-stones)라는 이 개념은 모든 곳에 퍼져 있는 사람들과 연락할 수 있는 길이다. 혹시 '~와 연락할 수 있다면?' 또는 '~~와 만날 수 있다면 얼마나 좋을까?', 또는 '~~와 연락이 닿을 수만 있다면' 하고 생각한 적이 있는가? 글로벌 징검다리의 개념은 사람들이 얼마나 가까운 곳에 있는가를 알려 준다. 당신의 네트워크를 지혜롭고 필요 적절하게 활용함으로써 전에는 당신의 영역 밖에 있던 사람들과도 연락을 취할 수 있을 것이다.

감사의 힘

에스텔 머레이(Estelle murray)

에스텔 머레이는 우리의 워크숍에 동참해서 배우고자 하는 열망과 관심을 하루 종일 보이는 똑똑하고 힘이 넘치는 여인이다. 그녀는 벌써 네트워킹의 원칙을 효과적으로 이용하고 있었으나 워크숍을 통해 새로이 도전 받고 영감을 얻는 모양이었다. 그녀는 특별히 주위의 사람들에게 긍정적인 조언과 감사를 하는데 관심이 있었다.

직업 소개 사업을 하는 그녀는 다른 직업 소개소들이 무엇을 하는지 관심이 많았고, 그 중에서도 경쟁사에서 내놓은 안내 책자를 보고는 감탄을 했다. 감사하고자 하는 열정에 싸여 있는 그녀는 경쟁사에 전화를 걸어서 그 회사의 놀라운 홍보 글에 감탄했노라고 했다. 그녀와 경쟁사의 대표는 곧 그 다음 주에 점심을 약속했다. 점심 식사를 하며 일상적인 대화를 하다가 경쟁사에서 에스텔 머레이에게 그 회사의 파트너이자 회장 자리를 제안했다. 에스텔 머레이는 그 제안을 받아들이고 그 회사에 3주간 다닌 후 그녀의 새 직원들에게 네트워킹 훈련을 시키고자 우리에게 전화했다.

우리는 하루 전체를 그들을 위한 훈련 시간으로 배정하고 네트워킹을 효과적인 마케팅 도구로써 어떻게 사용할 수 있는가에 대해 교육했다. 그 교육이 진행되는 중에 에스텔 머레이는 그녀가 알지도 못하는 사람에게 감사한 것이 어떻게 그녀에게 새로운 기회로 이끌어 주었는가에 대한 이야기를 해 주었다. 우리는 이 이야기가 감사하는 힘, 보상을 바라지 않는 마음, 열린 마음으로 일하는 것에 대한 훌륭한 예로 생각한다. 우리는 에스텔 머레이의 열정, 도움, 힘, 그리고 주위의 사람들과 대화하려고 하는 그녀의 모습에 감사를 드린다.

행동을 계획하고, 계획에 따라 행동하라

20 당신이 감사의 뜻을 전할 만한 다섯 사람의 이름을 다이어리에 매일 한 명씩 적으면서 옆에 TY(Thank You: 감사합니다)라고 쓰라. 다음에는 당신의 다이어리에 이 달의 일요일을 뺀 나머지 25일 칸에 TY를 적으라. 그 날짜에 해당하는 사람에게 전화 또는 편지를 보내서 감사의 마음을 전하고, 그 후에 감사의 뜻을 전했다는 것을 알도록 그 이름에 눈에 띄게 표시하라. 감사해야 할 사람들이 떠오를 때마다 남아 있는 날짜의 TY 옆에 그 사람의 이름을 적으라.

21 적어도 한 달에 한 번, 당신이 개인적으로 모르는 사람을 당신이 감사해야 할 사람들의 목록에 넣으라. 당신이 존경하거나 고마워하는 회사, 교회, 공동체, 비지니스 모임에 누가 있는가? 그들에게 감사의 편지는 보내라!

22 명언: 사려 깊은 사람은 기억하는 사람이다.

23 개인 목적의 메모 카드를 이미 가지고 있고 모양이 마음에 든다면 매일매일 감사할 일을 쓸 수 있도록 충분히 구비해 놓도록 하라. 별로 남아있지 않다면 또 주문하라. 메모 카드가 없거나 모양이 마음에

들지 않는다면 당신의 그래픽 디자이너에게 연락해서 만날 약속을 잡으라. 엽서를 원하는지 접는 식의 카드를 원하는지 결정하라. 봉투를 원하는가, 아니면 공인 규격 서류 봉투에 맞는 것을 원하는가? 당신의 마음에 들고 자주 사용하게 될 결과물을 만들 수 있도록 당신의 그래픽 디자이너와 함께 디자인 아이디어, 크기, 색깔, 인쇄 형식을 골라보도록 하라.

24 당신에게 누군가 감사나 칭찬할 때 가장 좋은 인사는 간단히 "감사합니다"라고 말하는 것이다. 이 말을 수없이 연습하라.

제15장

활동을 극대화하기

자원으로서의 자신을 관리하라

---

25 **당신의 네트워크를 조직화하고 검색할 수 있는 효과적인 시스템을 만들라.**

> *나는 누구 못지않게 열심히 일한다. 그러나 너무도 적은 성과만을 거둔다. 체계화만 된다면 많은 일을 이루어서 당신을 놀라게 할 수 있을 텐데.*
>
> 더글러스 말록

모든 네트워커에게 가장 큰 재산 또는 악몽이 될 수 있는 것이 바로 체계화라는 것이다. 체계화란 사람들의 이름, 주소, 전화번호, 그 외의 정보를 자신의 네트워크에 넣는 것이다. 당신의 파일 시스템을 정리할 수 있는 많은 방법이 있다. 가장 좋은 접근 방식은 당신에게 꼭 맞으면서 새로운 정보의 추가와 자료의 이용이 용이한 시스템을 만드는 것이다.

다음은 시스템을 구축할 때 필요한 것들이다.

1. 명함 파일 또는 롤로텍스(Rolodex:바퀴처럼 생긴 도구. 사람들의 이름과 주소, 또 그 외의 정보를 기입할 수 있는 원형의 전화번호부 시스템, 손으로 원형 손잡이를 돌리면서 필요한 사람을 찾는 방식이다-역자 주) 시스템: 이름이나 직업별로 가나다순으로 정리한 명함 파일. 어떤 상황에서도 사용할 수 있게 사람들을 각 목록에 따라 파일 처리를 하려고 명함을 두 장씩 모으는 사람도 있다.

2. 적절한 모든 데이터가 기록되어 있는 인덱스 카드 시스템: 인덱스 카드를 이름, 사업명, 사업 종류, 모임, 당신이 원하는 어떠한 종류의 주제별로 분류한다.

3. 철사로 엮은 노트북 시스템: 모든 관계와 이름, 날짜, 행사, 각 연락에 대한 결과, 대화에서 얻은 다른 유용한 정보를 포함하여 상대에 따른 기록을 철사로 엮은 노트북 시스템.

4. 산업, 단체, 모임, 클럽, 날짜에 따른 향후 약속을 컴퓨터에 입력한 컴퓨터 데이터베이스 관리 시스템: 이러한 방식은 분류, 나열, 편지 보내기 기능을 강화할 수 있다.

꼭 정해진 시스템이 있는 것은 아니다. 당신이 잘 활용할 수 있는 시스템이면 된다. 당신과 당신의 활동, 당신이 가장 잘 활용할 수 있는 시스템의 종류면 무엇이든 좋다. 당신이 어떤 방식으로 일하는지, 어떤 방식이 도움이 될지, 목적이 무엇인지, 정보를 새롭게 보완하기에 가장 좋은 방법이 무엇인지를 알아 보라. 예를 들어, 컴퓨터 사용이 능숙한가, 아니면 꺼리는 쪽인가? 원하는 곳에 빠르게 전화할 수 있는가, 아니면 항상 서류 가방에 필요한 전화 번호를 넣고 다니거나 손에 전화 번호부를 달고 다녀야 하는가? 사람을 기억하기에 명함이 가장 좋은 방법인가?

당신을 체계화 되도록 해 주고 당신의 네트워크를 구축하고, 검색하고 일할 수 있게 해 주는 시스템을 찾으라. 가장 중요한 것은 얼마나 정보를 손쉽게 활용할 수 있게 해 주느냐 라는 것을 기억하라. 정보를 찾을 수 없으면, 이용도, 공유하지도, 나눠 주지도 못한다. 사람들을 기억하고, 그들에 대한 정보를 찾으며 적절한 시간과 태도로 반응할 수 있도록 체계를 잡도록 하라.

 ## 26 당신의 명함 파일은 잘 정리되어 있고 정기적으로 보완되어야 한다.

> "성공하기 위하여 영어에서 가장 중요한 단어는 사전에서 찾을 수 없다. 바로 롤로덱스(Rolodex)이기 때문이다."
>
> 하비 B. 맥케이 · 「먹히지 않고 상어들과 수영하기」 중에서

당신의 명함 파일과 향후 약속 시스템을 정리하는 것은 효과적으로 네트워크 하는데 있어서 절대적인 요소이다. 시스템을 효과적으로 사

용할 수 있게 그 즉시로 당신의 시스템에 정보를 넣는 습관을 기르라.

당신이 사용할 어떠한 시스템을 찾아내든지 간에, 적어도 6개월 동안은 사용하도록 하라. 6개월이 지난 다음에는 그 시스템이 얼마나 효과적이며 어떠한 점을 개선해야 할지를 생각하라. 또한 적어도 일 년에 한 번 또는 두 번은 당신이 가진 파일이나 목록을 재정리하도록 계획을 세우라. 일 년의 시작은 당신이 가진 목록을 다시 살펴보기에 좋은 기회이며, 새로운 일 년을 맞이하면서 새로운 정보를 추가하기에 좋은 기회이다.

누군가 이사하거나 직장을 옮겼을 때 꼭 기록해 놓도록 하라. 명함이나 카드들이 당신의 속 호주머니나 책상에 몇 주 동안 썩고 있거나 분실되지 않도록 하라. 매일, 또는 매주 당신의 시스템에 데이터를 넣는 습관을 기르라. 당신의 시스템에 정보를 곧바로 넣으면 언제나 최근의 정확한 데이터를 가지고 일할 수 있다.

27 다이어리를 효과적으로 사용하라.

> *시간은 우리가 무엇을 하든지 상관없이 예정된 대로 흘러간다. 시간을 관리하는 것이 문제가 아니라 그 시간에 우리를 맞추는 것이 문제이다. 시간 관리의 핵심은 바로 자기 자신 관리이다.*
>
> 알렉 R. 맥켄지 · 「시간의 함정: 그곳에서 벗어나기」 중에서

바쁜 일정에 얽매일 필요는 없다. 그러나 바쁜 스케줄이 있을 때에는 시간을 지혜롭게 사용하면서 자신을 관리한다는 것은 매우 중요하

다. 주어진 기회를 최대한 활용하고 당신의 삶의 모든 부분이 균형과 만족스럽도록 시간을 계획하고 자신을 관리하라.

다이어리는 당신의 목표를 이루기 위해 매일매일 해내야 하는 일을 얼마나 효과적이고 효율적으로 진행하고 있는지 알 수 있는 좋은 도구이다. 매일의 스케줄은 당신이 해야 할 전화와 약속을 알 수 있도록 해 준다. 해야 할 일을 적은 목록은 당신이 해야 할 일들을 순서에 맞게, 시간에 맞게 할 수 있도록 해 준다.

다이어리로 당신의 친구와 아군으로 만들라. 다이어리의 노예가 될 필요는 없지만, 당신이 체계적이고 생산적인 사람이 될 수 있도록 다이어리를 사용하라. 그것을 적절히 사용함으로써 깜빡 하는 일이 없어질 것이다. 간편하고 효율적으로 일을 처리함으로써 좋은 결과들을 얻게 될 것이다.

대개의 다이어리는 목표, 작업, 예상되는 것, 주소와 전화번호, 비용, 위임해야 할 일들, 미팅 약속, 연중 달력을 포함한다. 당신의 사업과 개인적인 활동에 필요한 것들을 선택하여 활용하도록 하라. 당신의 다이어리가 당신을 정신 없게 만드는 또 하나의 방해물이 아닌 당신의 효율성을 높일 수 있는 명확한 도구가 되도록 하라.

개인 시간에 대한 존중심을 가지면 다른 사람들도 당신의 개인 시간을 존중할 것이다. 시간이 없다는 말은 이제 그만 하라. 시간을 지혜롭게 관리하여 당신이 가질 수 있는 최고의 아군이 되도록 하라. 당신이 시간을 어디에서, 어떻게 보내는가를 살펴보고 통제하라. 당신이 가진 자원들을 더욱 잘 관리하고 활용할 수 있는 더욱 나은 체계와 효율성을 경험하게 될 것이다.

해야 할 일을 적은 목록을 매일 정리하고 작성하고 확인하라.

> *당신이 목표를 향해 계속해서 나아가고 있다는 것을 확인할 수*
> *있는 가장 좋은 방법은 '해야 할 일'을 매일 목록으로 만드는 것*
> *이다.*
>
> 마를린 윌슨 · 「매니저를 위한 생존 기술」 중에서

효과적인 시간 관리와 계획을 위한 하나의 열쇠는 매일 할 일의 계획을 세우고, 그 계획에 따르는 것이다. 당신의 다이어리에 해야 할 일과 연락해야 할 사람들을 목록으로 만들고, 각각의 일을 완료한 다음에는 밑줄을 긋거나 체크를 하여 표시하라. 이룬 일에 이어서 해야 할 일을 곧바로 적으라. 하루를 마감하면서 완성하지 못한 일은 해당하는 날짜에 옮겨 적으라. 하루에 대한 계획을 세우는 것은 당신의 네트워크를 키워가는 매일의 할 일을 이루는데 도움을 줄 것이며, 결국 일상의 삶과 직업적 목표를 이룰 수 있게 될 것이다.

하루하루에 걸친 작은 일에 대한 성취와 결과는 더 큰 성취로 인도한다. 매일 해야 할 일을 하면서 머리에 장기적인 목표를 기억하고 있으면, 매일의 할 일과 전체적인 계획을 이루는데 자극이 될 것이다.

완성은 자유, 명확, 효율성을 만들어 낸다. 당신의 삶에서 어떠한 방해 요소도 없애 버리라. 할 일이 너무 많다든가 시간이 없다는 말이나 생각은 이제 그만 하라. 당신의 행동 계획에 따라 일하고, 매일매일을 마감하고, 또 다음날을 계획하는 습관은 당신의 힘과 효율성을 키워 줄 것이다.

29 목록에 할 일을 적는데 시간을 들이기보다는 당신의 앞에 놓인 일을 하라.

> *자신의 시간을 관리하는 것이 가장 중요한 것은 아니다. 자신에게 주어진 시간은 정해져 있다. 당신이 필요한 것은 자신에게 주어진 시간 안에 해야 할 일을 하는 것이다.*
>
> 케네스 블랜카드 & 노만 빈센트 필 · 「도덕적 관리의 힘」 중에서

당신의 다이어리에 당신이 매일 해야 할 일들의 목록을 적으라. 목록에 적힌 일들을 하는 동안 새로운 일들이 생길 것이다. 당신이 해 낼 수 있는 일들 이상으로 당신의 목록에 추가하지 않도록 항상 무엇을 해야 하는지에 대한 초점을 바로 잡도록 하라.

당신으로부터 어떤 서류를 받고자 하는 사람과 전화를 하고 있다고 하자. 당신이 전화를 하는 동안 봉투에 그 사람의 주소를 적을 수 있다. 그런 후에 전화를 끊자마자 그 사람이 필요한 서류를 가지고 와서, 봉투에 넣고, 우표를 붙인 후, 곧바로 보내면 되는 것이다. 해야 할 일을 한 것이다. 이와 반대로, 당신이 그 사람에게 어떠한 서류를 보내야 한다는 메모를 적었다면, 당신이 해야 할 일을 하나 더 추가한 것에 불과하다. 결국 당신은 나중에 봉투를 구하고, 그 사람의 주소를 찾고, 서류를 구하는데 더 많은 시간을 보내게 될 것이다. 간단히 처리할 수 있는 일이 괜히 큰 일로 바뀔 수 있다. 당신에게 달린 문제다.

이 원칙은 많은 상황에 적용될 수 있다. 예를 들어, "언제 한 번 만나죠"라고 하기보다는 만날 날짜와 시간을 정하라. 또는 누군가에게 도움을 주고 싶다면 즉시 명함을 꺼내서 그 뒤에 필요한 정보를 적고

명함을 상대에게 건네주라.

편지, 메모, 서류 작업은 우리가 흔히 미루기 쉬운 분야이다. 서류 작업에 있어서 처리를 결정할 때 필요한 사항들은 다음과 같다.

- ☐ 곧바로 행동하기
- ☐ 위임하기
- ☐ 읽기
- ☐ 해당자에게 넘겨 주기
- ☐ 파일로 처리하기
- ☐ 쓰레기통에 버리기

일을 미루다 보면 일이 점점 쌓이게 되고, 결국에는 해야 할 일을 잊어버리게 될 것이다. 자신의 삶을 스스로 바쁘게 만들지 말라. 전화, 편지, 메모, 어떠한 일이든지 할 수 있을 때 즉각 즉각 처리하도록 하라.

30 전화를 주기로 한 곳에는 24시간 이내에 전화를 하라.

> " 일을 미루는 것은 인간의 효율성을 제한시킨다. 오늘 할 일을 내 일로 미루지 않는다면 얼마나 많은 일을 할 수 있겠는가! "
>
> 로버트 E. 메길 · 「당신의 삶에 감동을 줘도 될까요?」 중에서

곧바로 전화를 해 주는 것은 바람직한 사업 에티켓이다. 예의 바른 행동일 뿐만 아니라 사업을 네트워크하고 이끌어 나가는데 효과적이고 효율적인 방법이다. 그뿐 아니라 전화를 해 주지 않음으로써 좋은 기회를 놓칠 수도 있다.

퇴근을 하기 전에 해 줘야 할 전화를 다 할 수 있는지 자신을 돌아

보라. 이것이 가능하지 않다면 바로 전화를 돌려줄 수 있도록 다른 지원 시스템을 만들어 보라.

점심, 휴가, 출장에서 돌아오면 그 동안 왔던 전화들을 중요한 순서대로 나누어 보라. 각 전화 메모를 A, B, C, D로 분류하라. 각 순서대로 메모를 정리하라. 그런 후 그 중요도에 따라 전화를 해 주라. 당신이 사무실에 없으면 당신의 전화를 받아 주는 사람이 전화한 사람에게 당신이 언제 돌아올 지를 알려 주도록 하라. 당신이 자주 사무실로 출근을 안 하거나 출장을 가게 되더라도 사무실로 전화를 걸어서 당신에게 걸려온 전화들에 곧바로 응답할 수 있도록 체크하라. 이렇게 하면 당신이 사무실로 돌아왔을 때 책상 가득히 쌓인 전화 메모들 때문에 고생을 하지 않아도 된다.

전화를 24시간 이내로 돌려주는 것은 매우 훌륭한 습관이며, 자기 훈련이다. 이 습관을 기름으로써 당신의 네트워크 전반에 걸쳐서 시간을 지켜가며 정보의 흐름을 유도할 수 있게 되는 것이다.

 당신의 네트워크 안에서 도움을 받고자 하는 사람에게 연락하기 전에 생각을 정리하라.

> 성취를 위한 4단계가 있다: 목적을 가지고 계획하고, 기도하는 마음으로 준비하고, 긍정적으로 진행하고, 끈기 있게 일하는 것이다.

작자 미상

전화하기 전에 생각을 정리하고, 목적을 분명히 하고, 당신이 이루고자 하는 결과를 미리 생각하라. 부탁을 하려고 한다면, 무엇을 원하는지 간단명료하게 정리하라. 당신이 전화하게 되는 사람과 그가 가지고 있는 자원에 대한 정확한 정보를 고려하여 가장 좋은 접근 방식을 생각하라.

다음의 요점들은 전화하기 전에 생각하면 좋은 것들이다.

1. 당신이 누구인지 밝히라.
2. 상대를 소개해 준 사람이 누구인지 밝히라.
3. 전화한 목적을 알려 주라.
4. 통화할 수 있는 충분한 시간을 허락받으라.
5. 정보를 모으라.
6. 다음에 취할 행동을 밝히라.
7. 전화 내용을 정리하라.
8. 당신의 도움을 제안하라.
9. 상대에게 시간과 도움을 준 것에 대해 감사하라.

위의 단계들은 다음의 예에서 찾아볼 수 있다.

톰:　　　안녕하세요, 저는 톰 윌슨이라고 합니다. 조안 스미스씨가 ~~에 대해 당신에게 연락을 해 보라고 해서 전화를 드리게 되었습니다.

폴라:　　네, 그렇군요. 조안은 어떻게 아시게 되었습니까?

톰:　　　조안과 저는 ~~을 하면서 함께 일하게 되었어요. 그래서 이렇게 당신에게 전화를 하라고 하더군요. 이 문제에 대해서 저와 얘기할 시간이 잠깐 있으신지요?

폴라:　　물론 있습니다. 무엇을 찾고 계시는데요?

톰:　　　～을 찾고 있습니다.

폴라: 그럼, ~~을 추천하고 싶군요.

톰:　　　감사합니다. 정말 도움이 되겠어요. ~을 하도
　　　　록 하죠. 제가 도와 드릴 일은 없을까요?

폴라: 감사합니다만, 지금은 괜찮은데요.

톰:　　　그럼, 제가 하나를 제안해도 될까요? ~면 어
　　　　떨까요?

폴라: 그거 좋은데요. 감사합니다. 그렇게 하도록 하죠.

톰:　　　시간과 도움을 주셔서 감사합니다. 좋은 하루
　　　　보내세요!

　전화하기 전에 생각을 정리하면 더욱 효과적일 뿐만 아니라, 목적이 분명하고, 힘이 있으며, 상대의 시간을 존중해 주기 때문에 감사하게 되는 것이다.

㉜ 당신의 시간, 에너지 또는 초점을 흐리게 하는 행사, 활동, 모임 등의 초청은 거절하라.

　　❝당신에게 주어진 시간에 해야 할 일을 마치려고 한다면, 하지 말아야 할 일을 하지 않는 법도 배워야 한다.❞

　　　　　　　　　　　　　　　　　　　　　　　　작자 미상

　당신이 참석하고자 하는 행사, 활동, 모임을 현명하게 선택하라. 힘

있는 네트워커로서 당신은 다양한 기능과 성격의 모임에 초대 받게 될 것이다. 당신은 자신의 시간, 에너지, 초점을 스스로 존중할 줄 알아야 한다. 너무 많은 방향으로 뛰어다니지 말라. 당신이 참석하게 될 경우 따라오는 모든 관련 문제와 동기를 생각하고 당신과 당신의 네트워크에 어떠한 도움이 될 지를 생각하라.

네트워킹 행사에 관해서는 시간, 목적, 참석자들이 당신에게 도움이 될지를 생각하라. 참석 여부를 결정하기 전에 다음의 것들을 먼저 생각해 보라.

· 어떠한 성격의 행사인가?
· 누가 후원하는 행사인가?
· 행사의 목적이 무엇인가?
· 행사 일시, 소요 시간, 위치가 어디인가?
· 참석하는 사람들은 누구인가?
· 당신과 당신의 네트워크에 잠재적 도움이 될 요소들은 무엇인가?
· 그러한 도움들을 당신은 어떻게 얻을 것인가?

위의 항목들을 사전에 생각하면서 당신의 시간과 에너지를 고려하면 참석할 모임을 결정하는데 도움이 될 것이다. 모든 사람들에게 그들이 원하는 모든 존재가 되기 위하여 노력하지 말라. 다른 사람들에게 도움을 주기 위해서는 당신 자신부터 돌볼 줄 알아야 한다; 만약 그러지 않는다면, 서서히 힘을 잃고 당신 주의의 사람들에게 비효과적인 사람으로 변할 것이다.

33 기회를 최대한 살리기 위해 네트워킹 모임을 준비하라.

> *"잘 준비한 모임은 우리가 운이라고 부르는 결과를 가져온다."*
>
> 안소니 로빈스 · 「무제한의 힘」 중에서

조사를 마치고 모임에 참석하기로 결정을 내렸으면, 다음의 것들을 준비하라.

□ 개인적 그리고 직업적으로 어떠한 것을 이루고 싶은지 스스로에게 물어보라.
□ 모임과 당신의 목적에 맞는 인사말을 준비하라.
□ 모임에 관한 사전 정보와 당신에게 도움이 될 여러 대화 매개체를 준비하라.
□ 충분한 양의 명함을 준비하고 쉽게 나누어 줄 수 있도록 준비하라.

네트워킹 모임은 자신의 목표를 이루고 네트워크를 확장하는데 있어서 매우 강한 도구로 쓰일 수 있다. 여러 모임에 참석하고, 새로운 사람들을 만나고, 명함을 많이 모으는 것은 쉽다. 그러나 강한 네트워커로서 당신은 이보다 더 많은 것을 해내어야 한다. 새롭고 흥미진진한 기회로 이끌어 줄 좋은 만남과 가치 있는 행동들을 개발해야 할 것이다.

곧바로 응답하는 것은 기회를 만든다

샌디 바일라스

앤 보우와 베티 영스는 1989년에 「당신의 그물은 쓸만한가?」라는 책을 썼다. 우리는 그 책을 그 뒤 얼마 후에 샌프란시스코에서 찾았다. 책을 읽은 후, 우리는 그 책의 작가들을 만나는 것이 좋겠다고 생각은 하였지만 실천에 옮기지는 않았다.

몇 달 후에 전국을 상대로 한 전화 상담에서 참가자 중 한 명이 명함을 이용하여 자신을 홍보하는 법을 배우고 있다고 말했다. 나는 곧 그 사람에게 비즈니스 명함 에티켓에 대한 몇 가지 조언과 아이디어를 나누어 주었다. 우리의 대화가 끝나 갈 무렵, 조지 로만이라고 하는 다른 사람이 전화해서 「당신의 그물은 쓸만한가?」라는 책을 읽어 보았느냐고 물어보았다. 내가 읽었다고 대답하자 그는 곧 앤 보우가 자신의 고객이며 좋은 친구라고 설명했다. 그는 내게 그녀의 주소와 집 전화번호를 알려 주었고, 그날 아침에 그녀와 이야기를 했다고 했으며, 곧 그녀에게 전화를 하라고 했다. 전화 상담이 끝난 직후 나는 앤 보우에게 전화를 걸었다.

우리는 길면서도 즐거운 대화를 나누었고, 결국 각자의 네트워킹 활동에 대한 테이프들과 정보를 교환하기로 했다. 우리는 그 후로도 자주 대화를 하면서 우리 책의 초안도 보내 주었다. 이 모든 것이 바로 전국적인 상담 전화에서 정보와 아이디어를 교환하면서 시작되었다; 이 행동은 결국 좋은 결과로 돌아왔고, 나는 목표를 하나 이루었으며, 새로운 친구를 사귀었고, 다른 사람의 네트워킹을 위한 노력에 도움을 주었다.

어떠한 상황에서 당신에게 주어진 아이디어나 연락 중에서 무슨 일이 일어날지 알 수 없다. 당신이 할 일을 하고 다른 사람들을 돕는 일을 할 동안에 당신 또한 기회를 얻게 될 것이다. 당신 앞에 도움을 줄 수 있고, 아이디어나 연락을 취할 기회가 생길 때 그냥 보내지 말라. 곧바로 응답할 기회를 잡으면 당신의 친구들과 나눌 네트워킹의 기적이 일어날 것이다.

네트워킹 행사는 즐겁고 생산적일 수 있다!

댄 발데즈(Dan Valdez)

네트워킹 행사는 당신의 스케줄, 시간, 에너지에 좋은 기회가 될 수도, 힘을 빼는 것이 될 수도 있다. 체계적으로 일할 수 있는 기술과 현명한 선택을 할 수 있는 분별력을 갖고 조금의 준비를 한 후에 네트워킹 모임에 참석할 때 당신은 즐거운 시간을 보낼 수 있을 뿐만 아니라 소중한 만남들을 가질 수 있게 될 것이다.

댄 발데즈는 네트워킹 모임에서는 으레 좋은 사업상의 만남들이 이루어지기 때문에 참석하고 있었다. 그러한 모임에 참석하는 것 자체를 그다지 즐기지도, 또 생각만큼 도움도 안 된다고 느끼면서도 그는 가야 한다는 의무감 때문에 참석하고 있었다.

댄 발데즈의 이야기는 다음과 같다.

저는 새로운 사람을 만나는 것이 그다지 편치 않았어요. 모르는 사람들이 대부분일 때는 더욱 그랬죠. 항상 제 자신에 대해 부족한 느낌이 들었고 자신이 없었어요. 사업주로서 저는 네트워크를 하면서 새로운 사람들을 만나야 한다는 것을 알고 있으면서도 그런 것이 싫었어요. 네트워킹에 대한 두려움이 있었나 봐요.

제 파트너가 제게 파워 네트워킹 워크숍에 참석해 보라고 권했어요. 그리고 저는 그곳에 모인 대부분의 사람들이 네트워킹 행사에 대해 저와 같은 생각을 가지고 있다는 것에 놀랐죠. 저는 그 곳의 한 모임에서 제가 목표한 것을 이루기 위해 목표를 어떻게 세워야 하는지를 배웠어요. 또한 처음 만난 사람들 사이에서 어떻게 대화를 해 나가야 하며, 이야깃거리를 효과적으로 사용하는 법과 사람들과 대화를 하면서 어떻게 친밀함을 만들어 내는지에 대해서도 배웠어요.

세미나가 시작되고 일 주일이 안 되어서 매년 그래 왔듯이 매우 중요한 연례 네트워킹 모임에 참석을 하게 되었어요. 저는 새로 배운 네트워킹 기술들을 써보고 싶어서 안달이 났죠. 그리고 큰 성공을 거두었어요! 그곳을 떠나기가 싫었어요. 제가 만들어 나간 좋은 만남들은 곧 유익한 미래의 약속으로 이어졌죠. 그 모임에 참석하면서 저는 굉장한 자신감을 얻었어요. 그리고 편안한 마음을 갖고 매우 즐거운 시간을 보냈어요.

세미나가 있은 후로부터 파워 네트워킹의 기술을 활용하는 것이 본능이자 습관이 되어 버렸어요. 네트워킹에 대한 지식이 저의 경력과 회사 이익을 제가 상상했던 것 이상으로 넓혀주었어요.

댄 발데즈는 그의 시간을 의미 있게 사용하는 법을 배웠을 뿐만 아니라 그 시간을 즐기는 법까지 배웠다. 새로운 것을 배우고 새로운 아이디어를 사용하고자 하는 그의 의지가 모임에 참석하는 것을 두려워하는 마음을 버리고 그 모임을 즐길 수 있도록 해 주었고, 불편함에서 자신감으로, 그리고 단순히 명함을 모으는 것에서 의미 있는 연락을 취하는 것으로 바꾸어 주었다.

댄 발데즈는 이제 네트워킹 클럽의 매우 활동적인 멤버가 되었고 많은 사람들에게 강한 네트워킹 자원으로 활동하고 있다. 그는 성공적인 삶의 방식으로써 효율, 친절, 자신감을 가지고, 네트워킹을 효과적으로 사용함에 있어 많은 사람들에게 모범이 되고 있다.

행동을 계획하고, 계획에 따라 행동하라

25 당신의 다이어리에 지금 당장 연락할 수 있는 네트워크의 이름과 전화번호를 적으라. 컴퓨터를 가지고 있다면 효율적인 정렬 방식, 검색 기능, 그리고 스케줄 기능을 갖춘 데이터베이스를 구축하라.

26 당신의 명함을 정리할 수 있는 가장 효과적인 방법을 찾으라. 예를 들어 카테고리에 따른 정리, 이름, 행사, 회사명에 따른 정리 형식 등으로 말이다. 명함을 보관할 상자를 구해서 당신이 선택한 방식으로 정리하라. 카드를 정리하면서 다시 한 번 명함을 살펴보고 중요하지 않은 것은 버리도록 하라.

27 이름과 전화번호, 약속을 메모한 스케줄, 전화해야 할 목록과 해야 할 일, 새로운 연락을 취해야 할 장소를 알려 주는 다이어리를 가지고 다니라.

28 하나의 일을 완성할 때마다 매일매일의 스케줄에서 그 항목을 지우거나 눈에 띄게 표시하라. 완료하지 못한 일이 눈에 띄거든 T(Transfer)를 적어서 다른 날짜로 옮겨 적으라.

29 "당신과 만날 수 있는 날짜와 시간을 잡았으면 합니다"라는 말 대신 "언제 한 번 만나죠!"라고 말하는 자신을 발견하라. 당신의 다이어리를 꺼내서 날짜와 시간을 정하고 나면, 막연한 만남에 대한 약속보다 구체적인 만남을 성공시킨 것이다.

30 전화를 곧바로 해 준다는 인상을 심어 주라. 사람들에게 그들이 당신에게 중요한 사람임을 알려 주라. 다음의 말들을 사용하여 전화를 해 주라.

- 안녕하세요, 전화를 다시 드립니다. 무엇을 도와 드릴까요?
- 안녕하세요, 곧바로 연락 드리고 싶었습니다. 전화하셨다고요?
- 안녕하세요, (오늘 아침 혹은 어제 오후)에 하신 전화 때문에 연락을 드립니다. 통화할 수 있어서 반갑습니다.

31 전화기에 다음과 같이 메모를 해 두라: '멈추라. 생각하라: 누구에게 전화하는 것이며 목적은 무엇인가?' 이제 전화하라!

32 쳇바퀴 신드롬을 느낀다면-차고 넘치는 스케줄, 스트레스, 억눌림, 너무도 많은 의무, 매끄럽지 못한 대인 관계-지금 하는 일을 당장 그만두고 반나절을 휴식하라. 당신 개인과 직업적인 목표, 가치, 성취, 우선 순위를 다시 생각해 보라. 지금 현재 하고 있는 일들을 정리

해서 취소하거나 재협상해야 할 것들을 가려내라. 향후 일 주일을 우
선적인 일들, 여가 활동, 휴식 시간, 가족과 인간 관계를 위한 시간에
투자하라. 그 일 주일 동안은 들어오는 모든 부탁에 "No"라고 대답하
라. 부탁을 다시 들어 줄 수 있는 때가 되었다고 생각이 들면 다음의
질문을 스스로에게 해 보라:

1. 나의 스케줄과 계획에 이것들이 어떻게 들어맞을 수 있을까?
2. 나의 개인과 직업적인 목표에 어떠한 도움이 될까?
3. 나의 행복과 만족, 목표에 도움이 될까, 아니면 해가 될까?

33 향후 2주간 참석할 네트워킹 모임을 선택하고, 참석 여부를 알
려 주고, 다이어리에 스케줄을 잡고, 다음의 것들을 고려하면서 모임
을 준비하라.

□ 모임에 참석하는 목적
□ 모임에서 이루고자 하는 일
□ 당신의 목적과 모임의 성격에 가장 잘 맞는 인사말
□ 당신이 사용하기에 편리한 대화 매체
□ 충분한 명함과 필기 도구

제16장

구하라 그러면 너희에게 주실 것이요

부탁을 효과적으로 하라

 다른 사람의 도움을 부탁하고 사용하라.

> *당신은 다른 사람들과의 조화 가운데서 존재하는 생명의 바다에서 태어났다. 모든 일은 다른 사람들과 함께할 때, 협동할 때, 서로에 대한 믿음을 가지고 할 때, 만족스럽게 할 때 제일 좋은 결과를 얻는다.*

로버트 콘클린 · 「오그 만디노의 성공의 대학」 중에서

당신 주위에는 어떠한 방법으로든 당신에게 도움을 줄 수 있는 사람들로 가득하다. 다른 사람들에게 도움을 청하고 받는 것은 외로운 보안관 정신을 없애는 확실한 방법이다. 일이 막혔을 때, 심각한 개인이나 사업상의 문제가 있을 때, 또는 특정한 분야의 기술을 배우고 싶

을 때 다른 사람들에게 도움을 부탁하라. 다른 사람이 당신에게 객관적 도움과 소중한 식견을 제공할 수 있다. 대부분의 사람들은 결과를 생산해 내는데 있어서 대체로 같은 문제와 벽에 부딪히게 된다. 도움을 요청함으로써 이러한 문제들을 빠르고 손쉽게 해결할 수 있다.

도움을 요청하고 받기 위해서는 당신이 먼저 열려 있고, 배울 자세가 되어 있어야 한다. 당신이 모든 문제의 해답을 가지고 있고, 모든 분야의 전문가일 필요는 없다는 것을 기억하라. 우리는 빠르게 변화하는 세상에 살면서 우리가 알고 예전에 알고 있던 노하우가 예전처럼 가장 효과적이고 효율적인 방법이 아닐 수 있다는 것을 기억해야 한다. 변화하는 세상에서 사회와 비즈니스 환경에 대처하기 위해 새로운 아이디어, 기술, 방법들을 배울 수 있는 열린 자세를 가지라.

도움을 받을 수 있는 한 가지 방법은 다른 사람으로 하여금 당신의 코치가 되도록 하는 것이다. 운동의 세계에서 코치는 좋은 결과를 얻는데 확실한 효과를 보여 주었다. 운동 선수들이 경기에서 이기고자 한다면 코치의 안내, 훈련, 조언이나 도움 없이는 경기에 임하지 않을 것이다. 당신이 믿을 수 있는 헬스 코치, 영양 코치, 의사에게 당신의 건강을 맡길 수 있는 것 아닌가? 재정 코치는 바로 당신으로 하여금 예산을 계획하고, 은퇴를 계획하고, 재정 독립을 이루기 위하여 재정 관리를 해 줄 수 있는 사람이다. 비즈니스 코치는 객관적인 조언을 해 주고, 목표를 이룰 수 있는 도움을 주고, 외로운 보안관 분위기로 다시 변하는 것을 막음으로써 사업주들에게 큰 도움을 주는 사람들이다. 당신의 삶의 어떠한 부분이든지 자신을 관리하고 성공의 발판을 마련하기 위해 코치의 도움을 받아 보라.

일을 제대로 하기 위해서는 혼자서 해내야 한다는 생각을 버리라. 대신에 다른 사람들의 도움으로 일을 가장 멋지게 해낼 수 있는 방법을 생각하라. 다른 사람들의 도움 제안에 "다 잘 되고 있어요", "괜찮아요", "제가 할께요", "필요한 것이 없네요"라는 말로 일축하지 말라. 사람들이 도움을 주고자 할 때 당신에게 도움이 될 것 같으면 도움을 받으라. 사람들은 도움을 주는 것을 좋아한다. 그들이 당신을 도울 수 있도록 하라!

35 네트워크에 있는 사람에게 부탁할 때에는 분명하고, 간략하게 하고, 부담스럽게 요구하지 않도록 하라.

> "도움을 필요로 하는 사람은 다른 자원과 연결이 됨으로써 네트워킹이 시작된다."
>
> 제시카 립넥 & 제프리 스탬프스 · 「네트워킹 북」 중에서

사람들은 당신이 간단명료하게 부탁할 때 고마움을 느낄 것이다. 간단명료한 부탁은 그들로 하여금 당신의 부탁에 가장 적절한 도움을 줄 수 있는 길을 제공한다.

사람들에게 부탁할 때에는 필요 이상의 것이 아닌, 가장 적절한 정도의 정보만 주도록 하라. 너무 많은 이야기, 설명, 관계 없는 사실을 늘어놓지 않도록 하라. 사람들이 당신의 부탁에 관심을 가지고 질문을 하면 그때 추가적인 정보를 주어도 늦지 않다.

일반적으로 당신이 더 구체적인 부탁을 할수록 사람들이 당신의 부탁에 응답을 주기가 쉬워진다. 부탁의 범위가 너무 넓거나 애매모호하면 사람들은 혼란스러워져서 당신에게 도움을 줄 능력이 없다고 생각

할지도 모른다. 그러나 대체로 그들이 당신을 도와야겠다는 생각을 하지 못하도록 부탁이 너무 구체적이지 못한 경우가 더 많다. 명확하다는 것은 사람들로 하여금 당신에게 가장 도움이 될 수 있는 아이디어를 생각하도록 해 주는 방법이다.

숨은 뜻이나 기대, 또는 악용을 포함한 부탁은 효력이 없고 생산적이지 못한 부탁이다. 사람들이 이러한 종류의 부탁을 들어준다고 할지라도 강한 네트워킹 관계를 만드는데 필요한 믿음은 경험하지 못할 것이다. 요구가 아닌 부탁을 하면 사람들은 진정한 관심으로 반응을 할 것이다. 다음은 몇 가지 예들이다.

요구	나에게 ~~을 줘요.
권한 위임	저는 지금 ~가 필요한데요, 당신이 하실 수 있는가 해서요.
애매모호	저의 사업을 위해 좋은 것들을 하고 싶은데요.
명확	저는 한 고객을 원합니다. 혹시 ~한 분을 알고 계시는지요?
악용	당신이 해 주면 저도 해 드리죠.
권한 위임	당신에게 ~한 사람을 소개시켜 드리고자 해요 그리고 ~한 사람을 만나면 제게 소개해 주세요.
우유부단	당신이 바쁜 줄 알고, 시간도 없을 것 같고, 또 방해하고 싶지는 않지만~~
솔직함	가능하다면 당신의 도움을 받고 싶어요. 아주 적은

시간을 내 주셔도 저는 감사하겠습니다.

애매모호	직업을 찾고 있어요. 누구에게 이야기하는 것이 좋을까요?
구체적	저는 저의 전공을 활용할 수 있는 일을 찾고 있어요. ○○사와 관계된 사람을 알고 있습니까?
혼동됨	작은 기계들을 가진 사람들에게 제가 가진 것들을 팔 수 있도록 도와 주시겠어요?
명확함	~~를 개선하기 위한 기계들을 찾는 사람들에게 연락하고 싶습니다. 누구에게 전화하는 것이 좋을까요?

부탁 대신에 요구를 하게 되면 실망을 맛보게 될 것이다. 사람들이 어떤 경우에는 도움을 줄 수 있고 어떤 경우에는 그러지 못한다는 것을 기억하라. 당신이 무엇을 원하는지 안다는 것은 중요한 일이지만, 당신의 목표들이 여러 방법으로 이루어질 수 있다는 것을 기억하는 것 또한 중요한 일이다. 목표를 향한 문들이 닫혀 있을 때, 다른 길을 찾아보라. 당신의 성공은 한 명의 사람, 한 번의 연락, 한 번의 도움에 의해 결정하는 것이 아니다. 다른 길을 찾아야 하는 수고가 있을지라도 언제나 더욱 많은 기회들이 있기 마련이다.

부탁을 하기 전에 약 1분 간 스스로에게 물어보라. 내가 정말로 원하는 것은 무엇인가? 이 물음에 솔직히 대답하고 당신이 정말로 원하는 것을 부탁할 수 있도록 하라. 마음 깊은 곳에서부터 나오는 부탁은 사람들로 하여금 마음을 움직여서 진실로 도움을 주도록 하는 힘을 가지고 있다.

36 "…을 하는 사람을 아세요?"하고 물을 수 있는 기회를 지속적으로 찾으라.

> " 구하라 그러면 너희에게 주실 것이요. "

마가복음 7장 7절

누군가를 소개받고자 할 때 가장 만족스러운 대답을 얻기 위해서 당신이 부탁할 말을 신중히 선택하는 것이 좋다. 예를 들어, "~~를 할 수 있는 사람이 누굴까요?"보다는 "~~하는 사람을 아세요?"라고 하는 것이 더욱 효과적이다. 왜냐 하면 "~~하는 사람을 아세요?"라는 질문이 "예" 또는 "아니오"로 대답하기 더 쉽기 때문이다. "~~하는 사람을 아세요?"라는 질문은 사람들로 하여금 그들이 아는 사람들을 생각하게 하고, 결국 긍정적 대답을 받아 내기에 더 큰 확률을 주는 질문이다.

강한 네트워킹 질문

· ~~하는 사람을 아세요?
· 당신이 아는 사람들 중에 제가 알아야 할 사람이 누군가요?(다음의 것들을 고려했을 때)
· ~~을 아는 사람을 알고 계세요?
· ~~로 이득을 얻을 사람을 알고 계세요?
· ~~에 대해 누구에게 연락하면 좋다고 생각하세요?
· ~~을 위해서 누구를 추천하는지 알고 싶습니다.
· 저는 ~~를 찾고 있습니다. ~~하는 사람을 아세요?

· 당신이 아는 사람들 중에 ~~하는 사람들의 이름을 알고 싶습니다.

이러한 종류의 부탁을 할 때에는 구체적으로 하라. 단순히 "제 상품이나 서비스를 사용할 사람을 아세요?"식의 막연한 질문은 하지 말라. 어떠한 종류의 사람과 연락하고 싶은지에 대해 분명하고 솔직하게 이야기하라. 예를 들어보자.

· 당신이 아는 사람 중에 서쪽 지역의 동네에 거주하면서 그 동네에 만족스러워 하는 사람이 있습니까?
· 지역공인회계사협회에 소속되어 있으면서 효과적으로 네트워크 하는 법을 배우면 더 사업을 잘 할 수 있는 사람을 알고 있습니까?
· 전문 협회에 소속되어 있으면서 그 협회의 지역 또는 전국적인 행사에서 우리가 연설할 수 있도록 해 줄 사람을 알고 있습니까?
· 우리가 처음으로 책을 집필하면서 올해 출판을 하고자 하는데 우리가 알고 있어야 할 사람이 누구입니까?
· 전국적인 잡지와 신문사에 기고할 사람을 알고 계십니까?
· 네트워크 마케팅 회사의 독립적인 대표이며 사업을 하기 위해서 효과적인 네트워킹을 사용하는 사람을 알고 있습니까?

이러한 종류의 질문들은 대부분의 네트워킹 상황에서 사용할 수 있는 질문들이다. 직관력을 가지고 적절한 기회가 있을 때마다 적절한 시간에 부탁할 수 있도록 하라. 질문을 효과적으로 함으로써 당신은 기회를 향한 문을 열게 될 것이다.

당신이 부탁을 예의바르고 적절하게 하면 존중과 기회의 분위기가 조성될 것이다. 적절한 단어와 시간으로 당신은 사람들에게 쉽고 자신감 있게 부탁할 수 있게 될 것이다. 사람들은 다른 사람들이 자신들에게 질문하는 것을 좋아한다. 당신이 속한 네트워크의 사람이 당신에게 아이디어나 소개를 위해서 질문할 때의 기분을 생각해 보라. 상대가 당신과 자신의 관계를 아이디어와 도움을 청할 수 있을 정도의 가까운 사이로 생각하는 것이 좋은가? 다른 사람들이 당신에게 접근할 때 기쁨이 있고 존중을 받는다는 느낌을 갖는다면, 당신이 다른 사람들에게 부탁할 때에도 마찬가지이다. 질문은 당신이 속한 네트워크의 사람들에게 그들이 가진 자원으로 인해 그들에게 권한을 위임하는 것이며, 소속시키는 것이고, 기억하는 것이다.

37 조언을 받은 것에 대해서는 신속히 이행하라.

" 목표는 우리가 행동하지 않는 이상 아무것도 아니다. "

마르샤 시네타르 · 「우아한 선택, 치유하는 선택」 중에서

네트워킹을 하면서 빠지기 쉬운 함정은 바로 행동을 취하지 않는 것이다. 일단 조언을 받았으면, 필요한 정보를 모으고, 준비한 다음에, 조언을 받은 대로 행동하라. 곧바로 연락하는 것이 기다렸다가 처음부터 에너지와 열정을 다시 모은 다음에 하는 것보다 낫다. 뒤이어서 해야 할 일들이 쌓이면 기회를 놓칠 가능성은 더욱 커지게 된다.

조언은 당신이 받게 되는 소포와 같다. 소포를 뜯어보기 전까지는 그 안에 금이 있는지, 은이 있는지, 또는 쓰레기가 있는지 알 수 없다. 조언이란 당신이 그것을 따르기 전까지는 당신에게 어떠한 기회를 주

게 될 지 알 수 없다는 이유로 소포와 비슷하다.

곧바로 이어지는 행동은 당신을 믿을 수 있는 일꾼으로 만들어 줄 것이다. 사람들은 당신을 계획성 있고, 반응적이고, 적극적인 사람으로 기억할 것이다. 곧바로 이어지는 행동을 습관화하면 당신의 효과적인 네트워킹에 자연스러운 일부분이 될 것이다.

사람들이 곧바로 행동을 하지 않는 이유 중에는 망각, 무계획, 필요 이상으로 바쁨, 거절에 대한 두려움 때문이다. 도중에 잊어버렸다면 생각나는 대로 이어서 행동하라. 무계획성 때문에 조언을 따르지 못했다면, 계획을 세우거나 당신을 위해 당신의 사무실을 계획적으로 바꾸어 줄 누군가를 고용하라.

당신이 바쁜 스케줄의 노예라면, 일을 멈추고 당신이 현재 하는 일들과 먼저 해야 할 일들을 다시 살펴보고 실천 가능한 계획표를 만들라. 바쁜 일에 관계되고 있는 동시에 조언을 따르고 싶다면, 두 가지 좋은 방법이 있다: (1)연락해야 할 사람들에게 연락을 해서 당신의 사정을 설명하고 약속을 뒤로 미루거나, (2)당신의 다이어리에 향후 날짜별로 필요한 모든 정보를 기록하여 수시로 체크하면서 관리하라.

거절을 두려워 한다면, 네트워킹을 발견의 게임으로 생각하고 각 부탁을 그 징검다리라고 생각하라. "아니오"라는 대답은 당신으로 하여금 다음에 취할 행동이 무엇인지를 알려 주는 동시에 "예"로 한 단계 다가가게 하는 과정이다. 당신의 기대를 버리고, "아니오"라는 대답을 사적으로 받아들이지 말라. 그렇게 하면 당신은 두려움 대신에 열정을 가지고 일할 수 있을 것이다.

당신에게 주어진 조언들을 얼마나 가치 있게 만드는가는 당신에게 달린 문제다. 조언을 급하게 무조건 받아들일 필요는 없다. 당신에게 조언을 해 주는 사람으로부터 필요한 정보를 모으고, 그것이 당신에게 필요한 것인지를 판단하라. 당신에게 도움이 안 되는 것이라면 감사의 인사를 전하고 왜 당신이 그 조언대로 따르지 못하겠는지를 설명하라. 조언을 받아들일 계획이라면, 그 즉시 그리고 올바르게 따르도록 하라.

당신이 조언에 따라 즉시 움직이는 것은 당신에게 조언 해 준 사람에 대한 예의이다. 사람들은 자신의 조언이 사용되어지기를 원한다. 당신이 그 조언에 더 즉각적으로 반응하면 할수록 사람들은 당신에게 더욱 많은 조언을 해 주기를 원할 것이다.

38 모든 접촉자에게서 무언가를 얻으라.

> *물길에 따라 헤엄치는 사람에게는 거슬러가는 사람보다 더욱 많은 기회가 주어진다.*
>
> 왈리스 D. 와틀스 · 「위대함의 과학」 중에서

당신이 취하는 모든 연락은 소중한 정보를 모을 수 있는 기회이다. 당신이 앞서서 계획하고, 당신의 목적에 대해 분명하며, 대화 도중에 일어날 수 있는 가능성에 대해 집중을 하면 정보를 모을 수 있는 가능성은 더욱 커진다. 당신이 연락을 취함으로써 얻을 수 있는 가치들은 다음과 같다.

· 향후의 약속
· 판매

- 새로운 연락책
- 당신의 일에 도움이 될 정보
- 추가적인 조언
- 당신의 일에 도움이 될 아이디어
- 향후의 네트워킹 관계에서 더 효과적으로 사용될 것을 배움

질문을 하고 대화를 만들어 나가는 능숙함이 당신이 접촉하는 모든 사람들과의 사이에서 무엇인가를 얻도록 해 줄 것이다. 다음과 같은 질문을 해 보라.

- ~~하는 사람을 알고 계십니까?
- 무엇을 추천해 주시겠습니까?
- 제가 가진 것이 어떻게 도움이 될 수 있을까요?
- ~~에 제가 연락할 수 있는 사람이 있을까요?

여기에서 중요한 것은 융통성이다. 그 만남을 통해서 무엇인가를 얻을 수 있도록 관계의 흐름에 따라 함께 흘러가고 당신의 할 일도 바꿀 각오를 하라. 새로운 기회로 이끌어 줄 수 있는 표지판과 길들이 있는데 당신 스스로 막다른 길로 접어들지 않도록 주의하라.

모든 접촉자은 당신으로 하여금 성장하고, 개발되고, 배우고, 번영할 수 있는 기회이다. 네트워킹 경험을 통해서 당신은 모든 접촉자들을 통해서 가치를 얻는데 능숙해질 것이다.

다음에 무슨 일이 일어날지 모를 때에는 물어보라!

샌디 바일라스

1980년대 중반에 나는 휴스턴 시에 부동산 회사를 가지고 있었다; 사업을 약 2년 정도 하면서 바쁘고 힘든 세월을 거친 다음에 나는 회사 문을 닫기로 했다. 한 주말에 최종 결정을 내리고, 월요일 아침에 출근해서 직원들에게 얘기를 하고, 책상에 앉아서 머리 속에 있는 중요한 질문을 떠올렸다: 이제는 뭘하지? 나는 내 사업에 너무 집중한 나머지 이후에 무엇을 해야 할 지에 대해서는 생각할 겨를이 없었던 것이다.

내가 가지고 있던 자신감, 사기, 자존감은 회사를 문닫음으로 인해서 어려움을 겪고 있었다. 결국에는 플로리다 주의 네이플스 시에서 E.F. 허튼 사무소의 지사장이던 오래된 친구인 빌 하일랜드에게 연락했다. 빌과 나는 오래 전 오하이오 주의 클리블랜드 시에서 중개업을 하면서 오랫동안 친분 관계를 유지하여 왔다.

빌에게 나의 상황에 대해서 이야기한 다음에 나의 경력과 관련된 좋은 조언을 해 달라고 했다. 그는 나의 경험과 기술을 바탕으로 한다면, 큰 중개업 회사에 취직하여 가택 도매업을 하는 것이 좋겠다고 했다. 이 직업은 내가 좋아하는 여행, 발표, 판매를 할 기회를 줄 것이기 때문이었다.

우리가 이야기하는 동안 빌은 다른 전화가 와서 나에게 이 커리어 아이디어에 대해 다시 한 번 이야기하자고 했다. 나는 내 네트워크를 살펴보기로 하면서 내가 새로운 직장을 찾는데 도움을 줄 수 있을 만한 사람들의 명단을 뽑기로 작정을 하고, 그 주말에 빌에게 다시 전화하기로 했다.

그 동안에 내가 거주하던 지역의 대학교 동문회장으로서 나는 그날 스무 명의 동문들에게 그 다음 주에 있을 연례 저녁 만찬 건으로 전화를 해야 했다. 그래서 나는 일단 나의 일정을 옆으로 미루어 놓고, 동문들에게 전화를 하기 시작했다.

동문 목록의 처음에 등장한 이름은 휴스턴에 본사를 두고 있는 중개업 사무소의 지역 부 지사장이던 마이크 기븐스였다. 마이크는 연례 저녁 만찬에 참석하지 못 할거라고 얘기하면서 몇 분 간 사담을 나누게 되었다. 그런 후, 대화를 끝내려고 하는 찰나에 나는 빌과 전에 했던 대화를 생각하면서 "아참, 현재 중개업 회사에 취직해서 가택 도매업자로 일하고자 하는데, 뭐 좋은 수 없나요?"라고 물었다. 한참의 침묵이 지난 후, 그는 내게 지금 자기 회사의 재정 서비스 매니저 자리가 공석인데, 그날 오후에 면접을 보러 오지 않겠냐고 했다.

일 주일 후에 나는 그 회사에 취직하게 되었고, 2년 동안 재정 서비스 매니저로서 일했다. 그 일은 내게 좋은 기회이자 많은 것을 배울 수 있는 시간이었다. 나는 매우 유능하고 전문적인 직원들과 즐겁게 일하고 많은 것을 이루었다.

이 이야기는 파워 네트워킹의 여러 원칙에 대한 좋은 예이다: 첫째로, 나는 외로운 보안관 정신을 버리고 도움을 요청했다. 우리가 스트레스 받고, 낙심 되고, 주변에 변화가 일어날 때, 자신의 명확함, 지혜, 방향을 다시 찾는 일이 생각만큼 쉽지 않을 때가 있다. 여러 해 전에 함께 일해서 나를 잘 아는 친구에게 연락함으로써 나는 소중한 도움을 받을 수 있게 되었다. 그 전화 통화가 없었더라면, 나는 다음 직장에 대해 부탁할 수 있는 기회를 얻지 못했을 것이다.

둘째로, 회사를 문닫는 것에 대해 내가 낙심 되고 어려운 가운데 있던 기간 중 나는 꾸준히 동문회장으로서의 나의 임무에 충실하였다. 나는 내 자신에게 "이거 하고 싶지 않아, 오늘은 기분이 아니야", 또는 "다른 날 하지 뭐"라는 말을 할 수도 있었을 것이다. 대신에, 다행스럽게도 나는 전화를 하기 시작했고 부메랑 효과는 다시 한 번 나타났다. 부메랑은 언제나 다시 돌아오듯이 네트워킹에서 나가는 것은 언제나 다시 돌아온다.

셋째로, 나는 부탁하는 것을 잊지 않았고 나의 부탁은 구체적이었다. 내 자신에 대해 자신이 없고 내가 부탁하고자 하는 직종에 대해 매우 적은 지식을 가지고 있었지만, 나는 결국 질문하는 행동을 취한 것이었다. 구차한 이야기나 설명을 할 필요 없이 황금의 기회가 찾아온 것이었다.

운이 좋은 것처럼 들리는가? 물론 운이 참여, 적절한 타이밍, 열린 마음, 외로운 보안관 정신의 포기, 부메랑 효과를 믿는 것이라면 대답은 "그렇다"이다.

통계적으로 70%의 모든 직장이 네트워킹을 통해서 구해지며, 내 직장의 100%는 나의 네트워킹을 통해서 이루어졌다. 네트워킹은 당신의 일상적인 직업적 노력을 빛나게 할 뿐만 아니라 당신의 커리어를 위한 완벽한 직업을 구하는데도 도움을 줄 것이다.

행동을 계획하고, 계획에 따라 행동하라

34 네트워킹 행동 계획을 세우면 6번에서 언급한 대로 당신이 세운 목표를 이루기 위해서 필요한 모든 일과 사용할 수 있는 모든 자원을 앞서서 계획하는데 도움을 줄 것이다. 백지의 맨 위에 당신의 목표를 쓰도록 하라. 그런 다음, 그 목표를 이루기 위해서 취해야 할 모든 행동과 해야 할 일들을 적도록 하라. 해야 할 일들을 모두 적은 다음, 그 목록의 오른쪽에 그 일을 이루기 위해서 도움, 정보, 또는 지원 받을 수 있는 사람들의 이름을 적으라. 당신이 가진 각각의 한 달 간의 목표를 위해 네트워킹 행동 계획을 만들라. (다른 목표들을 위해서도 같은 방법으로 지금 날짜나 나중 날짜로 하도록 하라.) 당신의 다이어리에 각 주마다 적어도 한 사람에게 연락하도록 메모하라.

35 (34번에서 적었듯이) 당신이 연락할 다섯 명의 접촉자를 적도록 하라. 그들에게 연락하는 목적과 당신이 원하는 대답을 이끌어 낼 간단명료한 부탁의 내용을 적도록 하라.

목표	연락책	원하는 결과	부탁할 내용
_____	_____	_____	_____
_____	_____	_____	_____
_____	_____	_____	_____
_____	_____	_____	_____

36 사람을 소개해 줄 고객이나 친구들의 명단을 만들라. "~~하는 사람을 아세요?"라는 질문을 기억하면서 하루에 적어도 한 명 이상과 통화하라.

37 조언이나 사람을 소개받았을 때, 당신의 다이어리에 메모를 하고 거기에 따라 즉시 행동으로 옮기라.

38 당신이 연락을 미루어 왔던 사람과 연락하고, 그가 당신에게 해 줄 수 있는 일과 당신이 그를 위해 해 줄 수 있는 일을 생각하며 열린 마음으로 다가가라.

제17장

당신이 누구를 아느냐가 중요한 것이 아니다 당신을 누가 아느냐가 중요하다

참여를 통해 눈에 보이는 결과를 얻으라

39 전문 협회의 회원이 되도록 하라.

"*인간 관계를 만들기 위해서 공통된 목적을 나누는 것 만큼 좋은 것은 없다.*"

존 F. 레이놀즈 3세 & 엘레노어 레이놀즈 · 「성공을 넘어」 중에서

전문 협회의 회원이 되면 네트워킹을 확장할 수 있는 기회뿐만 아니라 개인과 전문적 기술을 개발할 수 있는 기회도 생긴다. 클럽과 조직들은 비슷한 생각을 가진 사람들이 모일 수 있는 장소를 제공하고 당신을 네트워커로 개발될 수 있도록 해 준다.

가입하면 좋은 조직 중의 하나는 바로 당신이 속한 특정한 산업의 협회이다. 이 조직은 새로운 유행에 대하여 쉽게 접근할 수 있는 길을 열

어 주고, 커리어 기회의 강한 네트워크, 그리고 상류와의 접촉을 가능하게 해 준다.

또한 당신의 사업 뿐만이 아닌 산업에도 영향을 줄 수 있도록 한다. 당신이 속한 산업이 발전할수록 당신과 당신의 사업은 이득을 얻게 될 것이다.

산업 협회의 회원이 된다는 것은 당신의 전문직에 대한 장래 보장을 의미하며, 당신의 동료들과 더욱 굳건한 관계를 만드는데 도움을 줄 것이다. 많은 협회들이 전국적이고, 또 지역적인 조직을 가지고 있기 때문에 이러한 조직에 즉시 가입하는 것은 당신의 네트워크를 크게 발전시키는 길이다. 전국적인 모임은 당신의 사업 영향력을 극대화할 수 있는 좋은 자원이다. 산업 협회에 추가하여 전문직 네트워킹 협회, 상업 모임, 소 모임은 전국에 걸쳐서 큰 도시든 작은 도시든 관계 없이 있기 마련이다. 당신의 목적, 가치, 개인적 취향에 가장 잘 맞는 모임을 현명하게 선택하라. 전문직 협회에 참여함으로써 전국에 있는 수백만의 사람들이 소중한 정보, 아이디어, 소개, 연락, 우정을 얻게 된다. 당신에게 가장 잘 맞는 클럽이나 조직을 찾았다면, 당신의 삶의 모든 부분에 도움을 줄 수 있는 가족들을 만나게 될 것이다.

전문직 조직에 소속된 사람들은 일반적으로 참여와 도움을 주기를 좋아하는 사람들이다. 조직에서의 당신의 참여는 사회 봉사의 기회와 이례적인 사업의 성장을 가져올 것이다.

 조직의 위원회에서 적극적으로 일하라.

조직의 위원회에서 봉사하는 것은 배우고, 성장하며, 참여하고, 헌신할 수 있는 더 큰 기회를 제공한다. 당신 삶의 다른 부분에서처럼 조직에 더 많이 참여할수록 더 많은 것을 받게 된다. 완전히 참여하는 것은 그 경험을 통해 거기에 따르는 상, 만족, 가치를 더 늘릴 것이다.

위원회의 회원으로서, 참여자, 제공자, 리더로서 새로운 덕망을 얻음과 동시에 당신에 대한 더 확실한 모습을 만드는 것이다. 당신은 받는 자 뿐만이 아닌 주는 자로도 알려질 것이다. 당신은 자신의 수평선을 더욱 넓히고 지도자와 네트워커로서의 경험을 넓혀 나갈 것이다. 지도력을 통한 참여는 파워 네트워킹을 위한 굳건한 반석을 제공한다.

(41) 정기적으로 당신의 네트워크에 도움을 주고 또 받으라.

파워 네트워커가 된다는 것은 바로 주위에 있는 사람과 상황에 반응을 보인다는 것이다. 당신은 지속적인 도움으로 네트워크를 더욱 강화할 수 있다. 기회를 찾고, 주의를 집중할 수 있도록 자신을 훈련하고, 사람들이 하는 말에 귀를 기울이고, 어떻게 봉사할 수 있을지 찾으라. 대부분의 사람들은 도움을 구하는데 익숙하지 않기 때문에 당신 스스로 그들에게 질문함으로써 어떻게 도움을 줄 수 있을지를 찾아야 한다. 다음의 질문들을 할 수 있는 모든 기회를 찾으라.

· 필요한 것이 뭐죠?
· 제가 어떻게 도움이 될 수 있을까요?
· 제가 당신을 위해 무엇을 하면 될까요?
· 제가 어떻게 당신을 위해 봉사할 수 있을까요?
· 지금 당장 당신에게 가장 도움이 될 수 있는 것이 무엇인가요?

　다른 사람들을 성공적으로 도와 주는 핵심은 관심을 가지고 듣고 거기에 따라 필요한 사람들을 소개해 주고 도움을 필요로 하는 대로 도와 주는 것이다. 주위에 있는 사람들과 일어나는 활동들에 주의를 기울이고 당신의 직관력을 이용하여 언제 누구에게 도움을 줄 수 있는 지를 살피라. 누군가를 만나게 되면, 그 사람이 만나면 가장 좋을 사람이 누구일까를 생각하라. 사람들은 당신이 그들에게 주의를 기울이고 무엇인가를 주기를 원하는 것에 감명을 받는다. 강한 인간 관계가 규칙적으로 조언하고 도움을 주는 것에서 비롯된다는 것을 알게 될 것이다.

　당신이 주고자 하는 도움이 단순히 보기 좋은 것이 아니라 정말로 도움이 되고 소중한 것이 되도록 하라. 어떤 때에는 당신의 도움과 아이디어가 성공적일 수도 있지만 그러지 못할 때도 있다는 것을 기억하

라. 네트워킹이 보장할 수 있는 것은 없지만, 당신의 네트워크에 있는 사람들에게 지속적으로 도움을 주게 되면, 성공도 일어날 것이고 강한 네트워킹 관계가 형성될 것이라는 것은 분명하다.

42 "1m의 법칙"을 알고 사용하라.

> " 자신감을 키울 수 있는 방법은 자신 없는 일을 시작하는 것이다. 오늘을 즐기면서 일을 시작하고 계속하면 그 순간부터 일이 쉬워 질 것이다. "
>
> 폴 윌리엄스 · 「에너지」 중에서

'1m의 법칙'은 당신 주위 1m 이내에 있는 모든 사람은 대화와 네트워킹을 위한 잠재적인 후보임을 뜻한다. 당신 자신을 중심으로 1m의 반경을 정하고 하루 동안 그 반경 안에 들어오는 사람이 얼마나 되는지 생각해 보라. 이 사람들과 네트워킹을 할 생각을 안 할지도 모르지만, 그 사람들에게 쉽고 자연스럽게 접근할 수 있는 것이다. 당신이 엘리베이터를 탈 때, 슈퍼마켓 계산대에 줄 서 있을 때, 만찬 자리에서, 레스토랑에서 당신 주위 1m 반경 내에 사람들이 항상 있다. 대화를 이끌어 낼 수 있는 "안녕하세요"라는 인사나 그 외에 간단히 대화할 수 있을 것이다. 사람들로 하여금 말을 하도록 강요는 하지 말라. 다만 친절하게 대화할 수 있는 기회를 제공하라.

사회에서 우리는 많은 방법으로 우리 자신을 고립시켜 왔고 우리의 이웃들이 누구인지를 알지 못하게 되었다. 우리는 어렸을 적부터 '낯

선 사람들과 이야기하지 말라'는 경고를 들어왔다. 하지만 이제 어른이 된 우리는 우리가 처한 특정한 상황에 대처할 수 있는 식별력과 지혜를 가져야 한다. 당신 자신을 고립시키기보다 적절한 식별력으로 적절한 상황에 사람들에게 접근할 수 있는 기회를 누릴 수도 있다.

당신이 1m 반경 이내의 사람들과 이야기하고 있지 않다면, 처음에는 다소 불편하게 느껴질 수도 있다. 그러나 일단 당신이 한발 앞으로 다가서면서 "안녕하세요"라는 인사를 시작으로 주위 사람들과 대화함으로써 이것이 즐겁고 유익한 경험이라는 것을 느끼게 될 것이다.

하루 동안 당신과 접촉하는 많은 사람들을 주의 깊게 살펴보도록 하라. 그 사람들에게 편안하고 친절하게 다가가는 방법을 자연스럽고 쉽게 배우게 될 것이다.

43 당신의 네트워크를 지속적으로 평가하고 또 추가하라.

"네트워킹이란 일회용이 아니라 지속적인 테크닉이며 계속되는 과정이다."

앤 보우 & 베티 B. 영스 · 「당신의 그물은 쓸만한가?」 중에서

네트워크는 계속해서 이동하고, 자라며, 새로운 방향으로 나아간다. 한 번 생기면 평생 그대로 있는 것이 아니다. 당신의 네트워크를 살아 움직이는 생명체처럼 다루어야 한다. 정기적으로 자신의 네트워크를 다시 평가하고 네트워크에 매일, 매주, 매달 새로운 사람을 추가함으로써 힘을 지속시키라.

자신의 네트워크를 재평가하기 위해서 적어도 일 년에 한 번은 자리를 잡고 앉아서 (새해의 첫날이 이상적이다) 당신의 연락망을 다시 살펴보고, 이름과 주소록을 새롭게 추가하며, 명함 파일을 정리하라. 당신이 가진 시스템에 따라서 사람들을 이 목록에서 저 목록으로 옮길 수도 있고, 컴퓨터에 저장된 목록 전체를 최근의 목록에 넣을 수도, 또 그 반대로 뺄 수도 있다.

자신의 네트워크를 다시 살펴보는 동안, 네트워크 표를 다시 작성하고 그 해의 목표와 할 일을 정하라. 그 해의 목표에 절대적인 도움이 될 사람들을 중요자 명단에 넣는 것을 잊지 않도록 하라. 지난 해에 만나서 굳건한 관계를 유지해 왔던 사람들 중에는 올해 무슨 일을 하든지 관계 없이 당신과 계속적인 관계를 유지할 사람들도 있을 것이다.

재평가 과정에서 네트워크에 넣고 싶은 사람은 누구인지를 찾아내고 그 연결을 어떻게 가장 좋게 만들 수 있을까를 결정하라. 목표를 쉽고 효율적으로 이룰 수 있도록 도움을 주는 사람들을 네트워크에 포함시키기 원할 것이다.

신상에 변화가 있을 때마다, 삶에 새로운 목표가 생길 때마다, 해야할 새로운 일이 생길 때, 자신의 네트워크를 다시 살펴보고 재평가를 해야 할 것이다. 당신의 목표에서 벗어나지 않도록 그리고 네트워커로서의 자신을 잘 유지하도록 네트워크를 다시 설정하라.

1m의 법칙에 따라 살기

존 데마티니(John Demartini)

새로운 사람을 만나고 관계를 발달시킬 수 있는 기회는 많이 있다: 비행기 안, 레스토랑, 만찬 석상 등등. 그러나 엘리베이터 안에서조차 사람들과 접촉하기 위해서 시도하리라고는 생각지 못할 것이다. 파워 네트워커들은 주위의 사람들에게 "안녕하세요"라고 인사하기 위해 1m의 법칙을 사용하고, 따라서 흥미로운 대화와 새로운 기회를 만들어 낸다. 우리의 친구 존 데마티니 또한 이 1m의 법칙을 매우 특이한 방법으로 사용하였다.

존은 척추 조정 요법사이자 작가요, 국제적인 연설가요 워크숍 리더이다. 그는 웨스트 휴스턴에 있는 갤러리아의 트란스코 타워로 병원을 옮기면서 이 새로운 곳에서 고객들을 만들 수 있는 새로운 방법을 찾고 있었다. 그는 특이한 아이디어를 떠올렸다. 바로 엘리베이터를 위한 워크숍이었다! 52층에 있는 존의 사무실로 가기 위해서는 51층까지 가는 고속 엘리베이터가 있었고, 다음에 52층의 존의 사무실로 갈 수 있는 두 번째 엘리베이터가 있었다. 존은 고속 엘리베이터의 시간을 측정해서 1층에서 51층까지 가는데 걸리는 48초 동안 진행되는 미니 워크숍을 개발했다.

존이 아침에 출근했을 때, 그는 사람들이 가득 모이기를 기다렸다가 마지막에 엘리베이터를 탔다. 엘리베이터를 타자 사람들은 그가 돌아서서 문을 향해 설 것을 기대했다. 그러나 그는 돌아서지 않았다. 대신에 그는 곧바로 48초간의 워크숍을 진행했다. 사람들은 놀랐고, 존에게 마음을 열었고, 그의 발표에 흥미를 느꼈으며, 하루의 시작을 즐겁게 할 수 있었다. 존의 마케팅 전략은 먹혀 들었다. 그는 새로운 고객들을 만들고, 연설할 기회도 많아졌으며, 책과 테이프도 판매하고, 새로운 친구들과 사귈 수 있게 되었다.

　존이 사교적이고 활동적이긴 하나, 참신한 그의 행동은 사람들에게 좋은 인상을 주었다. 그는 모험할 각오로 그의 영역을 넓혔고, 결국 그의 연락책, 고객, 친구, 자원을 확장할 수 있었다. 그 후로 존은 그의 사업을 국제적 차원의 전문적 연설과 세미나 스케줄로 발전시키고 넓혀 나갔다.

　모두에게 엘리베이터 워크숍을 추천하는 것은 아니지만, 이 이야기가 당신으로 하여금 사람들에게 다가갈 수 있는 용기를 주었으면 한다. 모험하라! 새로운 것을 시도해 보라! 우리는 비행기 안, 엘리베이터 속, 그리고 온갖 종류의 행사에서 즐거운 접촉을 할 수 있다. 당신의 1m의 반경에서 벗어남으로써 다른 사람들로 하여금 당신에게 접촉할 수 있도록 하라. 예상 외의 곳에서 사람들과 대화하는 것은 당신의 네트워크를 확장할 수 있는 즐거운 방법이 될 것이다.

당신이 저축할 수 있는 그물(Net)

샌디 바일라스

　우리의 인생에서 가장 즐거운 경험 중의 하나는 바로 도버 클럽과 원저 클럽에 소속되고 참여한 것이다. 이들은 네트워킹 조직으로서 사업, 재정 향상, 회원의 성공에 도움을 줄 목적으로 만들어진 것이다. 그리고 이 모임은 단순한 사업 지원을 뛰어 넘었다; 이들은 하나의 팀이며 가족이다.

회원 중 한 명은 연방 저축 보험사에 넘어간 은행에서 대출을 받은 상태였다. 그는 보험사에서 그에게 어려움을 줄 것 같아 걱정하고 있었다. 그는 매우 성공적인 사업을 하고 있었으나 대출을 갚을 만큼의 충분한 현금을 가지고 있지는 않았다.

이 상황을 전해 들은 한 회원이 다른 회원에게 전화를 걸고, 그 회원이 또 다른 회원에게 전화를 걸어서 아이디어를 냈다. 대출을 받은 회원에게 은행에서 경고장이 날아올 경우, 연락책에게 연락해서 60명 모두의 회원들이 대출을 받은 회원이 대출 연장 계약서에 서명할 때 함께 공동 보증을 서도록 하자는 것이었다!

대출을 받은 회원은 이러한 제안에 말할 것도 없이 감동을 받았다. 감동을 받은 사람은 이 회원만이 아니었다. 모든 회원들이 서로에 대한 헌신의 깊이를 경험했을 때 똑같은 감명을 받는다. 그에게 경고장은 날아오지 않았고 결국 은행에서 다 함께 모일 일은 없었다. 그러나 그 후로 모두가 서로의 성공을 위해 헌신할 마음을 보였기 때문에 우리의 조직 내에는 새로운 수준의 자각, 감사, 존중감이 생겨났다.

네트워킹 조직은 당신과 당신의 사업뿐만 아니라 당신이 거주하는 도시에 엄청난 영향을 줄 수 있다. 당신이 거주하는 도시나 지역에 가입할 수 있는 조직이 없다면, 당신이 시작하도록 하라. 도움을 원한다면, 이 책의 뒷면에 있는 신청서에 나와 있는 주소로 편지를 보내라. 이러한 종류의 조직에 참여하는 것은 당신의 삶의 모든 부분에 엄청난 영향을 줄 것이다.

행동을 계획하고, 계획에 따라 행동하라

39 다음의 질문들에 대한 답을 적으라. 전문 조직에 가입하고자 하는 나의 관심과 목표는 무엇인가? 그리고 여기에 근거하여 나에게 가장 맞는 전문 조직은 어떠한 것인가? 당신의 네트워크에 있는 사람들에게 물어보고 지역의 상업 모임에 전화를 걸어서 이 질문들의 답에 근거하여 가장 유사한 조직들의 전화번호를 찾아보라.

40 일단 조직에 가입하였으면, 당신이 가장 잘 참여할 수 있는 분야를 정하기 위하여 조직의 활동과 위원회에 대해서 알아 보기 위하여 조직의 임원과 점심 약속을 하라.

41 당신의 전화에 다음과 같은 메모를 붙이라: 질문, 또 질문, 또 질문하라! "~~하는 사람을 알고 계십니까?" "제가 어떻게 도와 드릴 수 있을까요?"

42 매일 당신의 1m 반경에 있는 사람에게 "안녕하세요?"라고 인사를 하고 당신의 수첩에 그 반응을 적으라.

43 당신의 네트워크를 분기마다, 반년마다, 또는 매년마다 다시 살펴보라. 당신의 결정을 바탕으로 당신의 시간 관리 수첩의 적절한 곳에 '네트워크 재평가'라고 적으라.

제18장

삶은 과감한 모험이 아니면 아무것도 아니다

개인적 네트워크 접근법을 개발하라

 44 당신의 직관을 믿고, 그에 따라 행동하라.

> *당신의 마음에 집중하라; 당신은 모든 해답을 가지고 있다.*
>
> 마르샤 시네타르 · 「우아한 선택, 치유하는 선택」 중에서

당신의 직관력은 힘과 명확함으로 기회에 반응할 수 있도록 해 준다. 당신 내부로부터 나오는 그 확신을 믿는 방법을 배우게 되면 당신은 당신의 주위에서 일어나는 상황에 대해 더욱 융통성 있고, 통찰력 있고, 적응할 수 있게 된다.

당신의 직관력을 따르는 것은 자신의 자연스러운 본능을 믿고 자각하는 가장 좋은 방법이다. 당신의 본능은 일이 잘못되고 있을 때, 단합해야 할 때, 도움을 제공해야 할 때, 당신이 원하는 것을 요구할 때가

언제인지를 알려 준다. 강한 직관력은 당신 주위에 있는 사람들과 상황에 어떻게 반응해야 하는지를 알려 줄 것이다.

당신은 통찰력이 있으면서 주위의 사람들을 염두에 둘 수 있는 능력이 있다. 당신의 마음이 당신에게 말을 하고 길을 보여 주도록 하라.

당신의 네트워크 내의 사람들의 성공을 위해 헌신하라.

" 네트워킹은 헌신과 인내를 요구한다."

앤 보우 & 베티 B. 영스 · 「당신의 그물은 쓸만한가?」 중에서

헌신이란 에너지, 타성, 행동, 결과를 만들어 내는 강한 도구이다. 괴테가 말했듯이 헌신하기까지는 망설임이 있다고 했다. 그러나 일단 헌신하기로 하면, 당신 네트워크 내의 사람들을 섬길 수 있는 기회를 찾을 수 있고 그때마다 변화가 일어나기 시작한다.

당신 네트워크 내의 사람들의 성공을 위해 스스로 헌신함으로써 당신은 성공적인 사람들로 네트워크를 만들게 된다. 당신이 다른 사람들의 성공을 위해 도움을 줄 때 더욱 강한 연결고리가 생긴다; 당신 주위의 사람들이 더욱 성공할수록, 그들은 당신에게 돌려줄 더 많은 경험, 도움, 자원을 주게 된다. 당신 네트워크 내의 사람들은 성공하면 할수록 당신에게 더욱 소중한 존재들이 될 것이다.

헌신하고자 하는 마음이 강하면 강할수록 당신의 네트워크가 자라고 발달하는 바탕은 더욱 대단해질 것이다. 모래 위에 집을 짓지 말라; 굳건한 헌신 위에 짓고, 당신의 일생에 도움이 될 네트워킹 기초를 만

들어라. 당신이 받고자 하는 것보다 더욱 많은 것을 줄 때, 당신이 필요한 것 이상으로 받게 되리라는 것을 발견할 것이다. 다른 사람들의 성공을 위하여 헌신하는 것은 곧 당신의 성공을 확실히 하는 것이다.

당신의 네트워크에 있는 사람들에게 헌신하는 것은 당신에게 열 배의 열매로 돌아올 것이다. 작가이자 연설가인 제랄드 잠폴스키는 "주는 것은 받는 것이다"라고 했다. 이 말은 삶의 다른 부분에서와 마찬가지로 네트워크에서도 사실이다. 네트워킹에서 더 많은 것을 줄수록 더욱 많은 만족과 기회를 얻게 될 것이다. 당신 네트워크 내의 사람들을 위한 기회를 계속해서 살피고 찾을수록 당신은 네트워커로서 엄청난 성장을 하게 된다. 당신은 네트워크의 중심이 됨으로써 주위의 사람들에게 성공의 원천이 될 것이다. 사람들을 당신의 네트워크의 일부로 자각하는 것은 당신의 책임이다. 단순한 친밀함으로 네트워크를 만들지 말고 동일한 만족과 성공에 헌신하는 군건한 관계로 네트워크를 만들라.

46 당신이 제공하는 높은 단계의 도움을 사람들이 알아주도록 하라.

> ⁶⁶서비스를 하기 위해 서비스업에 종사할 필요는 없다. 당신이 무엇을 하든지 간에 당신은 어떠한 형태의 서비스에 이미 관계되어 있다. 그리고 그 서비스는 모든 곳에 있는 사람들에게 감명을 준다.⁹⁹

론 맥캔 & 존 바이탈 · 「섬김의 기쁨」 중에서

높은 수준의 서비스를 제공하는 것은 당신의 사업의 성공과 네트워커로서의 영향력을 위해 절대적으로 필요하다. 사람들은 보살핌을 받는 것을 좋아하고 질 좋은 상품을 받기 원한다. 더구나 그들이 소개해 주는 사람이 당신에게 가장 좋은 서비스를 받기를 원한다.

만족한 고객들을 가지게 될 때 입에서 입으로 전해지는 홍보는 자연적으로 일어나게 된다. 그들을 기쁘게 하면 당신의 서비스에 대해 그들이 말할 수 있는 좋은 이유를 주는 것이다. 그리고 당신을 위해 누군가 해 줄 수 있는 가장 좋은 네트워킹은 개인적인 증언과 추천을 하는 것이다. 앤서니 푸트만이 그의 저서 「서비스를 마케팅하기」에서 언급하듯이 만족하는 고객을 통해 네트워킹하는 것은 당신의 네트워킹 노력을 위해 가장 좋은 결과를 가져올 것이다.

사람들에게 그들이 지불한 것 이상으로 더 많이 나누어 주는데 초점을 맞추라. 당신이 제공하는 서비스의 가치와 이득이 분명히 보여지도록 하라. 질에 대한 당신의 헌신과 표현은 사람들, 연락책, 그리고 당신에게로 돌아올 서비스들을 극대화시킬 것이다.

강한 네트워커로서 얻게 되는 추가적인 것은 사람들이 당신에게 좋은 서비스를 제공하게 될 것이라는 점이다. 당신이 그들의 서비스에 만족하면 결국 그들도 도움을 받을 것이기 때문에 그들은 당신이 좋은 서비스를 받게 되도록 노력할 것이다.

어떤 사람이 당신에게 일을 맡기면, 그는 네트워크에서 소중히 생각하는 사람을 믿고 맡기는 것이다. 당신을 소개받고 오는 사람들을 각별히 신경 써서 대해 주도록 하라. 사람들이 당신을 믿고 소개하고 일을 맡기면, 그들은 당신이 분명히 믿을 만한 결과를 만들어 낼 것으로 기대하고 그렇게 하는 것이다.

우리의 사업 문화는 서비스 분야에서 예외적인 성장을 보였고, 모든 앞서가는 회사들은 그들의 성장과 성공을 위해 높은 수준의 질 좋은 서비스를 제공하고 있다.

 적극적이고 통찰력 있게 경청하라.

> *청각은 몸이 가지고 있는 다섯 가지 감각 중 하나일 뿐이다. 그러나 경청은 예술이다.*
>
> 프랭크 타이거 · 「당신의 세계에 변화를 주는 것」에서

커뮤니케이션은 파워 네트워커에게 있어서 필수적인 기술의 하나이며 이 기술을 발달시키는 것은 평생 이어지는 과정이다. 많은 사람들이 커뮤니케이션을 단순히 말하는 능력을 향상시키는 것이라고 생각한다. 그러나 커뮤니케이션이란 단순히 말하는 것 이상을 필요로 하는 정보의 이동이다. 커뮤니케이션은 경청을 필요로 한다.

많이 들을수록 더 많이 배우게 되고, 결국 네트워킹을 하는데 있어서 더 많은 기회를 얻게 된다. 커뮤니케이션은 7%의 음성 정보와 93%의 신체 언어, 목소리의 톤, 전달 속도, 표정을 포함한다는 사실을 들어 보았을 것이다. 사람들의 말, 행동, 표정, 목소리 톤에 집중함으로써 그들이 전하고자 하는 뜻에 반응을 보이도록 하라.

경청은 많은 경우에 있어서 소극적인 역할로 받아들여진다. 그러나 적극적인 경청은 상대가 당신에게 하고 싶은 이야기를 듣고 있다는 것을 확실히 알려줄 것이다. 적극적인 경청은 상대가 당신에게 한 이야기를 다시 반복함으로써 당신이 들은 것들이 제대로 들었는지 확인하

는 것이다. 적극적인 경청을 쉽고 자연스러운 방법으로 사용함으로써 당신은 잘못 이해하는 경우가 줄어들 것이다. 당신은 이 기술을 도움을 받을 때나 적절한 행동을 확인할 때 사용할 수 있다. 적극적인 경청에 사용되는 대화는 다음과 같다.

· 당신이 ~라고 하는 것으로 들었어요.
· 제가 당신이 한 말을 제대로 이해하고 있다면, 스미스 씨가 ~~를 고려했을 때 지금 당장 연락을 해야 할 사람이군요.
· 그러니까 당신 생각은 제가 ~~을 위해서 OO에게 연락하는 것이 좋겠다는 말이지요?

서로간에 대화 내용에 오해가 없도록 이러한 음성 언어를 이용하여 전달 받은 메시지를 확인하라. 상대가 하는 말을 알고 있다고 생각하지 말라. 꼭 확인하도록 하라.

네트워킹에서 잘 듣는 것은 특별히 중요하다. 대개의 사람들은 그들의 대화에서 그들이 무엇을 말하고 생각할지를 염려한다. 그들이 배운 것은 무엇인가? 반면에 그들이 상대의 말에 귀를 기울였다면 무엇을 배웠겠는가? 당신이 다른 사람들과 만날 때 보여지는 듣기 대 말하기의 비율은 어떻게 되는가? 듣는 것보다 더 많이 말하고 있다면 바꾸도록 하라. 듣고, 정보를 모으고, 질문하고, 더 많이 들으라. 당신의 듣기 기술을 키울 때 일어나는 변화를 살피라. 적극적인 경청자가 되었을 때 당신은 소중한 정보, 힘을 얻는 동료 네트워커들, 그리고 뒤따라 오는 좋은 기회들을 만나게 될 것이다.

48 당신의 모든 상호 작용과 노력을 정직성과 전문성으로 운영하라.

> *"선한 목적으로만 이야기하라."*
>
> 롤링 썬더 · 인디안 지혜자

솔직하고 전문적인 방법으로 사람들을 상대한다는 것은 그들로 하여금 당신을 믿고 함께 일할 수 있다는 믿음을 준다. 당신의 네트워크 내의 사람을 가장 높은 수준의 존중심으로 대하고 함께 일한다는 것은 매우 중요한 일이다. 사람들을 예의 바르고 존중하는 마음으로 대하면, 그들은 같은 방법으로 당신을 대할 것이다. 당신의 정직성과 전문성은 당신의 인간 관계와 사업 관계에 대한 신뢰감을 만들어 줄 것이다. 당신의 상품과 제공할 서비스와 관련하여 정직하게 이야기하라. 당신의 상품과 서비스에 대한 과장된 선전을 하지 말라. 상대의 필요를 위해 판매하되 판매를 위해서 판매하지 말라.

사람들에 대해 좋은 이야기를 할 것이 없으면 하지 말라. 다르게 말하자면 험담을 하지 말라. 험담인지 아닌지는 그 사람이 당신 옆에 있을 때에도 같은 말을 할 수 있는가로 판가름할 수 있다. 또한 당신의 경쟁자를 상대로 부정적인 말을 하지 말라. 당신의 상품의 가치와 좋은 점, 서비스에 대해 이야기하고 다른 사람들이 당신의 상품에 대해 평가하도록 하라.

실수를 인정하고, 잘못된 것이나 오해를 고치며, 필요할 때 사과함으로써 당신의 행동에 책임을 지라. 사람들은 믿을 수 있는 사람과 네트워킹 하기를 원하고, 가능하다면 일이 뜻대로 되지 않을 때 개선하려고 노력하는 사람과 네트워킹 하기를 원한다.

네트워킹을 잘못 사용하지 말라. 네트워킹이 본래의 유용한 도구로 활용될 수 있도록 전문적이고 신용을 바탕으로 일하라. 사람들이 네트워킹의 긍정적인 면을 경험하고 다른 사람들에게도 권할 수 있도록 노력하라.

사람들에게 당신을 믿을 만한 사람으로 자신있게 얘기할 수 있도록 하라. 정직함과 전문성으로 일을 함으로써, 당신은 믿음, 파트너십, 그리고 다른 사람들이 반응을 보일 책임의 메시지를 전달하게 될 것이다.

49 당신의 모든 접촉자들과의 기회를 열린 마음으로 접근하라.

> **"** 인간의 가치를 소중히 여겨서 걸인이나 노숙자라도 가장 사려 깊은 마음으로 대할 수 있도록 하라. **"**
>
> 월리스 D. 와틀스 · 「위대함의 과학」 중에서

당신이 새로운 상황에 접근할 때 어떤 결과가 나올지 알 수 없다. 열린 마음으로 사람들에게 접근하고자 하는 의지는 네트워킹을 통해 새로운 기회를 더욱 많이 만들어 낼 수 있을 것이다.

다음과 같은 생각이 떠오를 때가 있는지 생각해 보라.

· 그는 나를 도울 수 없어.
· 그녀는 ~~와 관계된 연락망은 가지고 있지 않을 거야.

- 그는 ~~를 할 수 있는 사람처럼 보이지는 않아.
- 그들이 ~~를 하지 않을 것임이 분명해.
- 그들은 아마도 ~~를 하고 싶어하지 않을 거야.

이러한 생각들은 당신이 상대를 잘 알지 못하거나, 상대를 잘 알고 있다는 지레짐작에서 하게 된다. 어떠한 경우이든지 간에, 이러한 생각은 잠재적인 기회를 놓칠 수 있는 결과를 낳을지도 모른다. 선입관을 버리고 열린 마음으로 사람들에게 다가가라. 가능성이 있는지를 알아보기 위해 상황을 충분히 탐색해 보라. 사실들, 정보들, 직관력, 경험들은 열린 마음으로 상황을 볼 때 방향을 제시해 주게 된다.

열정을 가지고 다가갈 때 네트워킹은 즐겁고 흥미로운 경험이 된다. 마치 보물찾기처럼 무엇을 찾을지는 알 수 없으나 그 과정 자체도 즐거운 것이다. 새로운 연결, 기회, 자원을 발견하는 것은 파워 네트워킹 삶의 방식과 함께 계속적인 기쁨을 주게 될 것이다.

눈에 보이는 사람들보다 더 많은 사람들이 있다

이 가슴을 파고드는 이야기는 판단과 비교로 인해 놓친 기회에 관한 것이며, 사람들과 기회를 생각할 때 열린 마음을 가져야 함을 상기시켜 준다.

한 노부부가 하버드 대학교에 찾아와서 총장과 면담을 요청했다. 할머니는 간단한 줄무늬 치마를 입고 있었고, 그녀의 남편은 집에서 만든 듯한 정장을 입고 있었다. 비서는 지금 총장님이 자리에 없다고 했다. 그들은 매우 중요한 일이라고 했고 비서는 "그럼 기다리세요." 라고 했다.

비서는 그들은 시골에서 올라온 노부부 정도로 판단하고 예의 없고, 관심 없는 태도로 그들로 하여금 반나절이나 기다리게 했다. 결국 비서도 포기하고 노부부가 총장을 만나게 해 주었다.

그 노부부는 자신들의 아들이 하버드 대학교를 일 년 동안 다니다가 죽게 되었다고 했다. 아들은 그 학교와 아들과의 관계를 소중히 생각하여서 부모로서 아들을 기리는 기념비를 캠퍼스에 세우고 싶다고 하였다. 총장은 딱 잘라서 만약 죽은 모든 학생들을 위한 기념비를 허락한다면 캠퍼스가 꼭 공동묘지처럼 보일 것이라고 했다. 노부부는 그들이 원하는 것이 단순히 기념비가 아니라 아들의 이름을 딴 건물이라고 했다. 총장은 노부부를 포기시킬 목적으로 이미 학교에는 750만불 짜리 건물들이 즐비하다고 했다.

결국 부인은 남편에게 아들을 기리기 위해서 다른 것을 하는 것이 좋겠다고 했다. 레란드 스탠포드 씨와 그의 부인은 그들만의 대학을 세울 계획을 가지고 총장의 사무실을 나왔다. 결국 그들은 현재 가장 뛰어난 대학교 중의 하나인 스탠포드 대학교를 세우게 되었다.

선입견 때문에 놓치게 되는 기회들이 얼마나 많은지 모른다. 선입견을 버리고 각각의 기회를 소중히 여기도록 하라.

네트워킹에 나타나는 부메랑 효과

앤 나우스(Ann Knauth)

네트워킹에 대해 많은 사람들이 잘못 알고 있는 사실은 매우 위험 부담이 크고 얻는 것이 적다는 것이다. 우리는 부메랑 효과가 네트워킹의 보물이라고 믿는다. 부메랑이 작동하는 방법은 당신이 네트워크 내의 사람들에게 주고, 참여하고, 헌신하고, 도움을 줄 때 당신에게 그것들이 꼭 돌아온다는 것이다. 부메랑을 생각할 때, 당신이 도움을 준 그 단체나 개인으로부터 곧바로 돌아오지 않을 수도 있다. 그러나 결국은 돌아올 것이다. 당신은 부메랑을 던짐으로써 행동해야 하는 것이다!

앤 나우스는 우리의 '네트워킹의 십계명'이라는 발표를 들었고 부메랑 효과에 대해 특별히 매력을 느끼게 되었다. 그 후로 얼마 안 가서 그녀가 소속된 여성전문직협회가 그것을 실험해 볼 수 있는 기회를 만들어 주었다.

앤 나우스는 여성들 간에 서로의 서비스를 제공하는 네트워크에 소속되어 있었다. 그 협회에 소속된 인테리어 디자이너는 레스토랑의

실내 디자인을 하게 되었고 앤 나우스(그녀는 건축 디자인 회사에 다니고 있었다)에게 레스토랑에 들러서 레스토랑 주인에게 보여 줄 디자인을 미리 봐 달라고 했다. 그녀는 특히 앤 나우스가 가진 목공 일과 색감에 대한 견해에 관심을 보였다.

앤 나우스는 그 레스토랑까지의 왕복하는 시간과 점심에 그 디자이너를 만나서 정보를 살펴보는 데 여러 시간이 걸린다는 사실을 알게 되었다. 과거에 앤 나우스는 자신의 비싼 시간을 함부로 허비하면 안 된다고 생각했다. 그러나 이번에는 새로운 태도로 점심 약속에 응했고, 아무 대가도 바라지 않고 필요한 조언을 해 주었다. 물론 상대 디자이너도 만족하였다. 자신이 속한 네트워크 내의 사람을 도울 수 있다는 생각에 그녀는 대가를 바라지 않고 돕기로 했던 것이다!

약 8주 후에 레스토랑 주인의 친구가 레스토랑에 들러서 인테리어 디자인에 감탄하고 자신의 집도 새로 단장하고 싶다고 했다. 인테리어 디자이너는 곧 앤 나우스를 추천했고 고객이 될 사람을 앤 나우스와 만날 수 있는 자리를 만들었다.

앤 나우스는 곧 그 일을 맡게 되었고, 몇 주 후에 같은 의뢰인으로부터 또 다른 일을 맡게 되었다! 두 주 후에 그녀는 바로 같은 고객을 통해서 또 다른 일을 맡게 되었다. 앤 나우스는 이제 부메랑 효과를 진심으로 믿는 사람이 되었으며 그녀의 동료 디자이너를 소개해 줄 수 있는 다른 기회를 기다리고 있다.

이 모든 것은 간단한 부탁과 친절한 대응, 그리고 아무 대가를 바라지 않는 마음에서 시작되었다. 네트워킹의 물결은 당신과 네트워크 내의 사람들에게 계속해서 이어질 수 있다!

행동을 계획하고, 계획에 따라 행동하라

44 하루 동안 당신의 직관력에 따라 움직이는 것을 연습하라. 당신의 내면 깊은 곳으로부터 나오는 확신, 성향, 물체에 대한 감각에 유의하여 대응하라.

45 세 달 동안 연락하지 않았던 사람에게 연락하라. 그 사람이 어떻게 지내는지, 그리고 어떤 도움이 필요한지 알아보라.

46 당신이 제공하는 상품과 서비스의 질을 높일 수 있는 열 가지 방법을 적어보라.

47 이번 주에 하게 되는 모든 대화에서 사람들이 말하는 것, 신체언어, 목소리 톤에 주의를 기울이라. 당신의 생각보다는 그들이 하는 말에 관심을 쏟아라.

48 누가 당신에게 "○○는 어떻게 지내고 있어요?"라고 묻는다면 그 사람으로 하여금 상대에게 전화하도록 독려하라. 사람들에 대해 이

야기하기보다는 사람들이 네트워크를 할 수 있도록 촉매가 되어서 서로 커뮤니케이션을 할 수 있도록 이끌어라.

49 당신이 연락하기를 꺼렸던 사람을 생각해 내어서 당신이 기대하는 방향으로 대화할 수 있도록 간단한 대사를 써서 전화하도록 하라. 당신에게 소중한 경험이 될 수 있는 여러 가능한 결과를 생각해 보라. 전화가 기대했던 것보다 더 잘 진행되어서 당신이 생각지도 못했던 좋은 결과를 얻었다고 상상해 보라. 스스로 모든 것이 가능하다는 것을 상기하고 전화하도록 하라.

제19장

세상을 변화시킬 삶의 방식

당신의 세계를 강화하는 네트워크

풍부한 자원과 안정된 네트워크를 가진 강한 네트워커로 알려지라.

> *다른 사람을 성공시키는 사람이 끊임없이 필요하고 또 존경받는다는 것은 변함없는 사실이다.*
>
> 알린 라벨라 & 돌로리스 리츠 · 「개인적 힘」 중에서

당신의 네트워크와 네트워킹 활동이 확장될수록 당신은 강한 네트워커로 알려지게 될 것이다. 당신이 그런 사람으로 알려지기 시작하면 사람들은 당신을 기억하고 전화를 하게 될 것이다. 그리고 당신이 강한 네트워크를 가지고 있다는 것을 그들이 알게 되면 당신이 당신의 자원에 미치는 힘을 알기 때문에 당신에게 연락하게 될 것이다. 당신

의 이름은 자원이 풍부한 또 다른 네트워커와 연결이 될 것이고, 다시 한 번 강하고 넓은 범위의 자원을 만들게 될 것이다.

당신이 강한 네트워커로 알려지기 시작하면 당신에게 많은 연락이 올 것이다. 이것은 부탁이기도 하지만 당신에게는 기회이기도 하다. 어떤 부탁은 다른 사람에게 쉽게 도움을 줄 수 있는 기회가 될 것이다. 이러한 기회는 당신에게 소중한 연락망, 정보, 아이디어를 제공할 수도 있다.

강한 네트워커들은 그들의 다양한 자원뿐만이 아니라 질적으로 탁월함으로 우수한 네트워커의 예로 널리 알려지게 된다. 오늘날 효과적으로 네트워크 하는 사람들은 좋은 결과를 만들어 내고, 다른 사람들에게 헌신하고, 참여를 즐기는 사람들이다. 능력 있는 네트워커들은 사람들과 좋은 관계를 유지하는 것으로 알려져 있다. 다른 사람들과 일하면서 사람들을 도와 주는 것이 바로 네트워킹이기 때문이다. 당신이 주위의 사람들을 돕기 위하여 효과적으로 네트워크를 할 때 사람들은 당신을 사려 깊고 격려하는 사람으로 알게 될 것이다.

유명세를 타게 됨으로써 당신은 자신에게 더욱 많은 기회를 만들게 될 것이고, 당신의 네트워크에게 나누어 줄 수 있는 더 많은 기회를 부여받게 될 것이다. 이것은 상승적인 효과를 가지고 있다. 알려지고, 더 많은 조언을 하고, 더 알려지고, 더 많은 기회를 만나고, 더 알려지고, 더 큰 네트워크를 가지게 되고…. 이런 식으로 계속 반복된다.

 네트워킹을 당신 자신과 다른 사람들의 사업적 이득뿐만 아니라 개인적 유익을 주기 위하여 사용하라.

> *네트워킹은 당신의 사업과 개인적 삶 모두에 튼튼한 다리가 되어 줄 것이다.*

앤 보우 & 베티 B. 영스 · 「당신의 그물은 쓸만한가?」 중에서

많은 사람들은 네트워킹이 오로지 사업적인 목표를 이루기 위한 것이라고 생각하고 그들의 개인적인 삶 차원에서의 네트워킹이 줄 수 있는 이득을 놓치고 있다. 네트워킹은 당신의 삶 전반에 도움을 줄 수 있고 모든 일을 더욱 쉽고 재미있게 만들 수 있다.

예를 들어 휴가를 보낼 수 있는 좋은 장소를 찾고 싶다면, 네트워크의 사람들에게 당신이 어떠한 곳을 찾는지 알려 주라. 그러면 직접적으로 갈 수 있는 곳, 볼거리, 연락할 사람들을 무수히 생각하게 될 것이다. 이것은 당신이 찾고 있는 거의 모든 것에 적용된다: 자동차, 영화, 좋은 상품과 서비스 등등.

네트워킹은 삶의 전반에 걸쳐서 소중한 의미를 가진다: 취미, 레크리에이션, 재정, 건강, 또는 자기 개발까지도 말이다. 당신의 사업에서 효과를 본 원칙을 적용하여 당신의 개인적인 목표도 이루도록 하라.

52 당신 생각의 최우선 과제를 네트워크로 집중하라.

> *네트워킹 하는 습관을 기르라. 다른 사람에게 정보를 전해 줄 사람을 네트워킹 하는 것은 세상에 변화를 줄 수 있는 확실하고 효과적인 방법이다.*

웨인 W. 다이어 · 「믿게 되면 보게 되리라」 중에서

효과적인 네트워킹에서 지속적인 힘의 네트워킹으로 발전하기 위해서는 언제나 네트워크를 당신의 삶 중심에 놓고 생각하고 생활해야 한다. 이런 식으로 꾸준히 노력하면 새로운 아이디어와 기회들을 만나게 될 것이다. 그리고 이런 상승 무드를 잘 활용하면 당신은 자신과 네트워크에게 주어진 무한한 기회를 발견하게 될 것이다.

"~~을 찾고 있습니다," "~~가 필요합니다," 또는 "~~가 만족스럽지 못합니다." 등등의 말은 당신의 네트워크를 다시 살펴보도록 할 것이고 거기에 따라서 행동을 취하게 될 것이다. 조치를 취할 때는 명함을 꺼내서 뒤에 연락할 사람의 이름과 전화번호를 적도록 하라. 소개를 하고자 할 때에는 사람들에게 소개하는 사람으로서 당신의 이름을 알려 주라고 이야기하고, 소개하는 사람에 대한 도움이 될 만한 정보를 최대한 많이 제공하도록 하라. 가끔은 네트워크의 사람에게 전화해서 연락이 올 것이라고 미리 이야기해 주는 것도 좋은 방법이다.

네트워크와 일하면서 사람들을 돕는 방법을 배우는 것은 지속적으로 당신의 삶 중심에 당신의 네트워크를 놓을 수 있도록 해 줄 것이다. 네트워킹에 대한 의식 수준을 높이면 당신의 네트워킹을 새로운 단계로 이끌 수 있을 것이다. 네트워킹을 생각의 최우선 과제로 두게 되면 당신이 어디를 가든지 유익함을 얻게 될 것이다.

 파워 네트워킹의 좋은 귀감이 되라.

> 네트워커들은 자원을 그냥 쌓아두지 않는다; 그들은 그들이 가진

모든 것을 순환시키고, 다른 사람들도 같이 하기를 원한다. *"*

웨인 W. 다이어 · 「믿게 되면 보게 되리라」 중에서

다른 사람들의 귀감이 되는 것은 모든 사람들이 동경하는 일이다. 전심전력하여 튼튼한 네트워크를 만드는 방법을 배우게 되면, 당신은 다른 사람의 모범으로 서서히 부상할 수 있다. 다른 사람들이 당신의 성공을 알게 되면서 그들은 당신이 일하는 방식을 본받고, 당신에게 배우기를 원할 것이다. 그들이 본 것을 그들의 상황에 적용해서 성공하게 되면, 다른 사람들이 또 그것을 따라 하게 될 것이다. 귀감이 된다는 것은 파도를 일으키는 것과 같아서 더 크고 넓은 영향력의 원을 만들게 된다. 이렇게 모범이 됨으로써 당신은 자신도 모르는 사이에 많은 사람에게 도움을 주는 것이다.

당신은 언제나 모범이 됨으로써 가르칠 수 있다! 당신은 효과적인 네트워킹 기술의 예가 될 수 있다. 따라서 네트워킹에 대한 긍정적인 접근 방법을 가르칠 수 있다. 그러나 누가 무엇을 보고 있는지, 무엇을 배우는지 결코 알 수 없다.

 세상을 하나의 큰 네트워크로 보라.

*"*오늘날 우리는 중복되는 네트워크의 세상에 살고 있다. 이는 네트워크의 별자리가 아닌 네트워킹 별자리의 은하계이다. *"*

존 나이스빗 · 「메가트랜즈」 중에서

통계에 의하면 당신은 그 누구와도 넷에서 다섯 다리 건너에 있다. 대부분의 사람들은 이러한 사실을 모르듯이 행동하지만, 이는 결국 자신들의 효과와 가능성을 제한하는 것이다. 당신이 아는 사람들을 활용하여 그들이 아는 사람들과 연결함으로써 당신은 무제한적인 자원의 네트워크를 만들 수 있다.

전 세계에 걸쳐서 존재하는 서로 엉킨 이러한 네트워크의 연결 고리와 관계들을 생각해 보라. 각 개인은 그들 주위의 사람들에게 어떤 방법으로든 연결되어 있고, 우리가 사는 세상을 연결하는 네트워크의 기본 요소로 존재한다. 전 세계를 한데 엮은 네트워크에 대한 이미지는 우리가 가진 자원의 풍부함과 개인으로서 가지는 힘을 보여 준다. 전 세계에 걸쳐서 서로와 연결된 개인들이 글로벌 네트워크를 구성하는 것이다.

삶의 목표를 이루고 싶다면 네트워킹이 이를 이룰 수 있는 가장 좋은 방법이며, 가장 즐겁게 이룰 수 있는 방법이니 이를 선택하라. 당신이 아는 사람과 상대방이 아는 사람으로부터 연결하는 것은 세상을 당신의 손끝에 놓게 된다. 이러한 방식으로 일하는 것은 좁은 소견을 없앨 수 있고, 사전에 예고 없는 전화를 막을 수 있고, 아무도 연락할 사람이 없다는 생각을 버리도록 해 준다. 그러나 여전히 다가서서 손을 뻗어야 하고, 첫 발걸음을 내디뎌야 하고, 인간 관계와 연락을 중요하게 사용해야 한다. 그렇게 하는 사람은 바로 당신이다. 무한한 기회를 가져오는 이 활동 무대의 규모를 당신 스스로 즐길 수 있도록 하라.

글로벌 징검다리의 개념은 당신이 연락을 취하고 싶어하는 사람이 전 세계의 네트워크에 연결된 존재라는 것과 당신 네트워크의 효과적인 사용으로 연결이 가능하다는 것을 일깨워 준다. 이 개념이 당신의 삶에 기억되도록 하고 당신은 세상의 누구와도 연결이 되어 있다는 놀라운 사실을 체험하도록 하라.

 55 네트워킹을 삶의 방식으로 만들라.

> "당신은 다른 사람들과의 조화 가운데서 존재하는 생명의 바다에
> 서 태어났다. 모든 일은 다른 사람들과 함께할 때, 협동할 때, 서
> 로에 대한 믿음을 가지고 할 때, 기쁨을 나눌 때, 그리고 만족스럽
> 게 할 때 제일 좋은 결과를 얻는다."
>
> 로버트 콘클린 · 「오그 만디노의 성공의 대학」에서

네트워킹은 단순히 서로 관계를 맺고 연관을 갖는 삶의 방식이 아
니다. 그것은 인간 관계의 근원적 기초에 근거하여 설계되어진 삶의
방식이며 분명한 목적과 서비스와 헌신의 태도에 의해 지원되어 지는
것이다.

사람들은 매일매일 삶에 대한 선택을 할 수 있는 기회가 있다. 네트
워킹을 삶의 기본으로 개발하는 것은 당신이 이미 인간 관계적 삶을
선택하고, 참여하며, 헌신했음을 알려 준다. 이것을 당신의 행동과 관
계의 기본으로 삼음으로써 당신은 자신의 삶을 위해 선택한 목표를 이
루기 위한 다음 선택을 쉽게 결정할 수 있게 된다.

사람들은 참여하고 헌신하며 서로를 섬기고 도와주기를 바란다. 그
들은 싸우는 대신 서로 일하고, 서로에게 상처를 주기보다 서로를 칭
찬하고 성취한 것을 함께 축하하는 공동체, 국가나 세상을 원한다. 이
러한 삶의 특성은 침체되고 위험하기보다 긍정적이고 보상이 주어지

는 것이다. 어떻게 이것을 누릴 수 있단 말인가? 개인으로서 너무도 크고 우리의 영역을 벗어난 듯이 보이는 이런 것들을 위해 어떻게 노력할 수 있단 말인가? 우리는 모두의 행복을 위해 서로와 네트워킹을 시작하면 된다. 그리고 우리의 가족들, 공동체, 조직, 그리고 사회 내에서 효과적으로 대화하고, 관심을 갖고 경청하며, 도움을 요청하고, 강한 결속력을 가져야 한다.

이제 뛰어들어서 네트워킹을 삶의 방식으로 만들어라. 지금이 모두에게 윈-윈 상황을 제공하는 황금의 기회이다. 네트워킹을 삶의 방식으로 개발하는 것은 주위의 사람들에게 영향을 미치는 것으로 끝나지 않는다. 전 세계에 있는 다른 네트워크로 이어져서 당신의 네트워크에 파도 효과를 줄 수 있게 된다.

네트워킹은 사업을 확장할 수 있는 단순히 좋은 아이디어나 효과적인 방법 그 이상이다. 그것은 당신과 주위의 사람들과 그리고 우리가 사는 세상에 영향을 줄 삶의 방식을 만들 수 있는 기회이다. 오늘 네트워크를 삶의 방식으로 선택하고 당신과 당신의 세상을 위해 현명히 선택한 것에 기뻐하라.

네트워킹: 발견의 게임

샌디 바일라스

　네트워킹은 흥미로운 모험이다. 그것은 보물찾기 게임과 같다. 이 동할 수 있는 기회가 주어질 때마다 당신은 숨은 보물을 찾아낼 수 있을 것이다. 당신이 원하는 결과가 나지 않더라도 모험 그 자체는 상급이 주어지고 흥미로울 수 있다. 그리고 연결과 관계의 뒤엉킨 미로가 당신이 원하는 길로 풀릴지 알 수 없는 것이다.

　「먹히지 않고 상어와 수영하기」(Swim with the sharks without Being Eaten Alive)라는 책을 써서 베스트 셀러 작가가 된 하비 맥케이(Harvey Mackay)와 우리가 어떻게 연결 되었는가 하는 이야기는 그 미로와 같은 인간 관계 속에서 함께 새로운 연결을 발견하고 새로운 친구들을 사귀는 데에서 오는 흥분을 잘 나타내 준다.

　휴스턴에 살면서 작가이자 책 컨설턴트인 조 바이테일(Joe Vitale)은 이 책을 쓸 때 용기를 북돋아 준 중요한 인물이었다. 그는 우리에게 책, 잡지, 네트워킹에 대한 기사와 관련된 편지, 스크랩, 정보를 보내 주었다. 어느 날 도나 피셔는 조 바이테일에게서 "하비 맥케이 씨가 「하비 맥케이 Rolodex 네트워크 설계자」(The Harvey Mackay Rolodex Network Builder)라는 제목의 네트워크에 관한 새 책을 펴냈어요. 관심이 있으실 것 같아서 알려드립니다!"라는 간단한 편지를 받았다. 도나 피셔는 그날 나가서 그 책을 사서 읽고, 내게 건네 주었다.

　나는 그 책을 곧장 읽고 하비 맥케이의 이야기 중에 특별히 나의 관심을 끄는 부분을 발견했다. 그의 책에서 하비 맥케이는 미네소타 노스 스타스(Minnesota North Stars) 하키 팀을 사들여서 그들의 고향인 미네아폴리스 시(市)에 남아 있을 수 있도록 그의 광대한 네트워크를 어떻게 사용하였는지를 이야기했다. 이 이야기가 나의 관심을 끈 이유는 하비 맥케이가 거론한 사람 중 한 명이 바로 삼십 년 전에 나와 중학교를 함께 다녔던 사람이었음을 발견했기 때문이다. 나는 중학교 졸업 후에 하워드 볼드윈과 두 번밖에 이야기를 하지 않았다. 신문에서 그가 하키 팀을 사고 팔았다는 기사를 읽고 그에게 축하해 주기 위해 연락한 것이 전부였다.

하비 맥케이의 책을 읽은 후, 나는 하워드에게 전화해서 그가 바로 하비 맥케이가 말하는 그 하워드인지 알아보았다. 그가 바로 그 사람이었다.

나는 하워드에게 도나 피셔와 함께 쓰고 있는 네트워킹 책에 대해 이야기하고, 하비 맥케이와 전화할 수 있는 길을 마련해 줄 수 있는지를 물어 보았다. 일 주일 후에 하워드로부터 하비 맥케이가 책 홍보를 위해 출장 중이긴 하나 그에게 내 전화번호를 주었기 때문에 몇 주 내로 내게 전화할 것이라는 연락을 받았다.

우리는 곧 그 전화를 어떻게 받을 것인가를 두고 생각을 모으기 시작했다. 도나 피셔와 나는 하비 맥케이가 우리에게 얼마나 큰 자원이 될 수 있는가에 대한 아이디어를 모으기 시작했다. 그는 아마도 다음과 같은 자원이 될 수 있을 것이라고 생각했다.

· 우리의 책을 읽고 에이전트, 출판사, 책 홍보, 그리고 그 외의 것에 대해 추천해 줄 수 있을 것이다.
· 책에 문구를 써 주거나 머리말을 써 줄 것이다.
· 저작(writing)과 강의(speaking) 산업의 다른 사람들과 연결시켜 줄 것이다.
· 전문적 연락책이나 지도자로 도움을 줄 수 있을 것이다.

우리는 또한 우리가 하비 맥케이에게 어떻게 도움이 될 수 있을지에 대해 생각해 보았다.

· 각종 모임에서 그의 다가오는 휴스턴 세미나에 대해 알려 주는 것
· 홍보용 연설과 관련하여 그를 조직들과 연결시켜 주는 것
· 그의 세미나에 대한 안내 책자를 보낼 수 있도록 우리의 워크숍에
  참석한 사람들에게 주소가 적힌 레이블을 제공하는 것

하비 맥케이의 책을 읽음으로써 그가 열심 있고 강한 네트워커라
는 것을 알 수 있었기 때문에 우리는 네트워킹에 대한 유사한 철학과
믿음이 있다는 것을 알 수 있었다.

하워드가 말한 대로 몇 주 후에 하비 맥케이가 전화를 했다! 약 삼
십 분 동안 통화를 하면서 서로에 대해 알아가는 동안 나는 우리 책의
초안을 읽어봐 주기를 바란다고 했고 그 역시 좋다고 했다. 그런 다음
나는 그에게 "저는 어떻게 도와 드릴 수 있을까요?"하고 도움을 제안
했다. 그는 당장 생각나는 것은 없지만, 내가 말했듯이, 도나 피셔와
나는 우리가 해야 할 숙제를 한 것이다. 그래서 나는 하비 맥케이에게
우리의 워크숍에 참석하는 사람들의 주소가 적힌 레이블을 그의 홍보
팀에게 전해 줌으로써 그의 휴스턴 세미나를 홍보하는데 도움을 주겠
노라고 제안했다.

하비 맥케이는 우리의 도움을 받아들였고 휴스턴의 행사를 준비하
고 홍보하는 그의 홍보 매니저의 연락처를 알려 주었다. 나흘 후에 도
나 피셔와 나는 하비 맥케이의 홍보 매니저와 점심 식사를 하게 되었
고, 그에게 주소 레이블도 전해 주고, 우리의 조찬 모임에 초대하였다.

우리는 하비 맥케이의 세미나를 알리기 위한 일을 그의 홍보 매니
저와 일하면서 즐거운 시간을 보냈다. 그리고 하비 맥케이와 함께 휴
스턴의 세미나에 참석해서 사람들을 만나게 됨으로써 부메랑은 우리

에게 돌아왔다. 그 뒤로 하비 맥케이와 여러 번 이야기를 하였고, 지금 당신이 읽고 있는 책에 대한 친절한 조언과 도움을 제공받았다. 하비 맥케이는 우리가 도움이 필요했던 네 군데 중 세 군데에 도움을 주었다. 더 중요한 것은 우리의 네트워크에 여러 개의 소중한 연결 고리를 추가하였고 소중한 연결책과 친구를 얻게 되었다는 것이다.

네트워킹은 당신이 원하는 결과를 가져오지 못할 수도 있다. 그러나 도움을 나누고 새로운 연결을 만들어 가면 얻는 것은 언제나 있다. 네트워킹은 보살핌이자 세우는 과정이다. 당신이 심는 씨는 조용히 힘을 키우고 있다. 계속해서 씨앗을 심고 그 주위에 있으면서 꽃이 필 때 그것을 즐기도록 하라.

현재가 있기까지의 시작과 성장

도나 피셔

내가 휴스턴의 행동치료센터의 책임자로 있을 때, 우리는 그 센터의 하는 일과 목적을 사업하는 사람들에게 알릴 수 있는 월례 점심 식사를 주최했다. 자원 봉사자이자 친구인 조안 볼머가 친구인 샌디 바일라스를 이 점심 식사에 초대하였다. 그 후로 손님들이 떠나면서 나는 샌디 바일라스와 이야기할 수 있는 기회가 생겼다. 그는 나에게 다섯 명의 연락책을 소개해 주었다. 셋은 내가 발표할 수 있는 전문적인 조직이었고, 하나는 의료계, 그리고 나머지 하나는 센터의 어린이 별관에 깔아야 할 카페트를 생각한 소개였다.

나는 깊은 인상을 받았다. 내가 언급하였듯이 우리는 이 점심 식사를 매달 주최했고, 평균 여덟에서 열두 명의 사람들이 참석했다. 나는 언제나 사람들에게 그들이 이 센터를 어떻게 도울 수 있는지를 알려주었지만 대부분의 사람들은 우리가 하는 일에 감사와 격려만을 남기고 떠났다. 하지만 이 사람은 그보다 더 많은 것을 했다. 그는 듣고, 관심을 보였으며 이름과 전화번호를 대며 즉각적인 반응을 보였다.

그의 이러한 행동이 나도 즉각적인 반응을 보여야 할 조언임을 알게 되었다. 그래서 행동을 취했다. 그것은 정말 잘한 일이다! 그가 나에게 소개해 준 사람들은 도움이 되고 반응도 보여 주었으며 그가 추천한 세 개의 조직에서 발표하기로 계획을 잡았다. 샌디 바일라스를 다시 만나게 되면서 나는 그에게 소개해 준 사람들로 인해 감사를 했고, 나의 발표장에서 그를 보게 되었으며, 그때마다 그는 내게 더욱 많은 아이디어를 제공해 주었다.

연설을 하기로 한 곳 중에는 도버 클럽도 있었고, 이 곳은 샌디 바일라스가 네 달 전에 창단한 클럽이었다. 나는 이 그룹이 가진 열정과 우정에 깊은 감명을 받았고 나도 곧 회원으로 등록했다.

여러 해가 지난 후에, 나는 도버 클럽을 떠나서 비슷한 조직인 윈저 클럽의 조언자이자 회원이 되었다. 나는 도버 클럽과 윈저 클럽에의 참여를 소중히 생각하고, 이 그룹들의 도움은 〈발견 세미나〉와 〈파워 네트워킹 워크숍〉의 개발과 성장에 큰 역할을 했다고 믿는다.

샌디 바일라스와 나는 서로에게서 그리고 이러한 네트워킹 조직에 참여함으로써 많은 것을 배웠다. 우리는 우리의 능력, 달란트, 그리고 힘을 모아서 더 강한 힘과 능력을 이끌어냈다. 우리는 인간 관계, 팀워크, 분명한 꿈과 목표를 가지는 것의 중요성을을 배웠다. 우리는 가치, 힘, 그리고 삶의 전 부분에 걸친 네트워킹의 기쁨을 배우고 경험했다. 네트워킹은 우리가 선택한 삶의 방식이고 이제는 다른 삶은 상상하기도 힘들다. 네트워킹은 우리의 삶, 관계, 그리고 우리가 하는 일을 부유하게 만들었다. 우리는 우리의 경험을 당신과 함께 나눌 수 있게 되어서 너무 기쁘다. 감사를 드리고 당신이 하는 모든 일에 축복이 있기를 바란다.

행동을 계획하고, 계획에 따라 행동하라

50 당신 네트워크 내의 세 사람에게 전화해서 그들이 당신의 네트워크에 있어서 기쁘다고 말하라. "필요한 것이 없나요?" "제가 어떻게 도와 드릴 수 있을까요?"라고 질문하라.

51 당신의 개인적인 목표와 당신의 꿈을 이루기 위해서 네트워크 내의 사람들을 어떻게 포함시킬 수 있는지 여러 방법을 생각해 보라.

52 당신의 정신을 무한한 저장소, 즉각적인 반응과 검색, 그리고 "저는 ~~을 원합니다," "저는 ~~을 찾고 있습니다," 또는 "저는 ~~가 필요합니다."라는 말에 즉각적으로 데이터를 검색하는 전자 안테나가 있다고 생각하라.

53 누군가에게 조언자가 되어 달라고 요청하라.

54 당신이 닿을 수 없는 사람이라고 생각되어 연락을 하지 않았던 사람을 생각하라. 그에게 왜 연락을 하고 싶은지, 그가 당신에게 무엇

을 해 줄 수 있는지, 당신이 그에게 무엇을 해 줄 수 있는지 적어보라. 이러한 이유로 당신 네트워크 내의 열 사람 정도, 연락할 사람을 생각하라. 당신이 필요한 연결을 위해 글로벌 징검다리를 사용할 때까지 당신의 네트워크를 계속해서 검색하라!

55 네트워킹 일기를 쓰라. 각 장의 끝에 있는 〈행동을 계획하기. 계획에 따라 행동하기〉를 완성하라. 당신의 일기에 이야기, 예, 인용 문구, 증거, 시각적인 것, 그리고 기적을 적으라.

05 성공을 위한 삶의 방식

"성공한 사람이란 올바른 삶을 살고, 자주 웃으면서 많은 사랑을 나누어 준 사람이다. 지식인의 존경을 받고 어린이들의 사랑을 받은 사람이다. 자기의 자리를 찾고 할 일을 완수한 사람이다. 완벽한 시 또는 구원 받은 영혼으로든지 보다 나은 세상을 만드는 사람이다. 세상의 아름다움에 감사를 잊지 않거나 표현을 한 사람이다. 다른 사람들의 좋은 점을 바라보고 자신이 줄 수 있는 가장 좋은 것을 준 사람이다."

로버트 루이스 스티븐슨

제20장

씨 뿌리기

지 속적으로 자원을 활용하면서 네트워킹 활동에 헌신하면 놀라
운 이득을 수확할 수 있을 것이다. 네트워킹 클럽에 가입하고,
당장 무엇을 바라지 말라. 새로운 사람을 만나고, 완전히 참여하며, 다
른 사람들을 도울 수 있는 대로 돕는데 집중하도록 하라. 운동 프로그
램의 효과가 어느 정도의 시간이 지난 다음에 나타나듯이, 당신이 네
트워킹에 들이는 노력은 이 새로운 네트워킹 원칙을 지속적으로 실천
함으로써 눈에 보이는 결과를 가져올 것이다. 운동은 시간이 지남에
따라 쉬워지고 단련되어, 시간, 무게, 거리를 점점 더하게 될 것이다.
이와 비슷하게 당신의 네트워킹 또한 더 쉬워지고, 자연스러워지며,
더 편안해져서 평생을 살아가며 당신의 삶에 재미, 흥미, 성공을 더 할
수 있도록 할 것이다.

네트워킹이란 인생에 풍요로움을 줄 성공적인 삶의 방식이다. 많은
사람들이 그랬듯이, 만약 당신이 아직도 당신의 꿈을 이루기 위하여

당신의 자원과 접촉자를 이용하고 있지 않다면, 이제는 당신의 비전을 넓히고 당신의 네트워크를 활성화해야 할 때이다. 당신의 네트워크가 살아 움직이고 좋은 결과를 맺기 위한 역동적인 자원으로 자라날 수 있도록 이 책에 있는 아이디어들을 사용하기 바란다.

우리는 사람들이 서로를 섬기고 돕는 자연적인 욕망을 가지고 있기 때문에 네트워킹은 항상 존재하리라고 믿는다. 네트워킹은 사람과 사람의 연결, 대가 없이 주는 것, 다른 사람들과 자원을 나누는 것, 정보를 나누어 주는 것을 포함한다. 당신이 현재 하는 일을 하면서 생기게 되는 기회들을 활용하도록 해 준다.

이 책에 소개한 원칙과 아이디어들이 열매를 맺을 때까지 꾸준히 실천해 보기를 바란다. 네트워킹은 씨를 심고, 돌보며, 인내심을 가지고 자라는 것을 지켜보는 것과 같다. 하루 만에 해내는 일이 아니라, 다음 날에 그 씨가 나무로 변한 것을 발견하는 것이다. 그것은 땅속으로는 뿌리가 더 깊어지고 하늘로는 가지가 더 뻗어나갈 수 있도록 돌보고, 시간을 요구하는 과정이다.

그 뿌리와 가지들이 자라갈수록 당신은 자신의 네트워크로부터 더욱 많은 힘과 능력을 경험하게 될 것이고, 결과는 더 쉽고 빠른 시간 안에 나타날 것이다. 시간을 내어주고, 물어보며, 권하고, 주고받는 것이 모두 당신에게 자연스럽고 쉬워질 것이다. 그런 후에 당신은 자신의 삶을 평생 끌어올릴 삶의 방식인 네트워크를 개발했다는 것을 발견하게 될 것이다.

" 당신은 정말로 네트워커로서의 삶을 살아야 한다. 그것은 당신에게 영향도 주지 못하게 하거나 당신으로부터 영향을 받지 못한 정보를 단순히 나누어 주는 것이 아니다. 당신은 전체의 일부분이며, 인류에 무엇이 이득인지, 우리의 운명이 무엇인지, 우리의 운명을 개선할 수 있는 것이 무엇인지를 추구하는 진리의 탐구자이다. 그것에 완전히 빠져서 살아야 한다. 그러면 당신은 훌륭한 네트워커가 될 것이다. "

　　　　로버트 뮬러 · 「네트워킹 북」에서 제시카 립넥 & 제프리 스탬프스를 인용

참고문헌

Autry, James *A. Love and Profit.* New York : William Morrow, 1991.

Blanchard, Kenneth, and Norman Vincent Peale. *The Power of Ethical Management.* New York : William Morrow, 1988.

Boe, Anne, and Bettie B. Youngs. *Is Your "Net"working?* New York : John Wiley, 1989.

Cohen, Alan. *The Dragon Doesn't Live Here Anymore.* South Kortright, N.Y. : Eden, 1981.

Cohen, Alan. *The Healing of the Planet Earth.* Awakening Heart Productions, 1987.

Cohen, Sherry Suib. *Tender Power.* Reading, Mass. : Addison-Wesley, 1989.

Dunn, David. *Try Giving Yourself Away.* Englewood Cliffs, N. J. : Prentice-Hall, 1970.

Dyer, Wayne W. *You'll See It When You Believe It.* New York : William Morrow, 1989.

Ferguson, Marilyn. *The Aquarian Conspiracy.* Los Angeles : J. P. Tarcher, 1981.

Heider, John. *The Tao of Leadership.* Atlanta : Humaics Limited, 1985.

Krannich, Ronald L.,and Caryl Rae Krannich. *Network Your Way to Job and Career Success.* Manassas, Va. : Impact Publications, 1989.

LaBella, Arleen, and Dolores Leach. *Personal Power.* Boulder, Colo. :

CareerTrack Publications, 1985.

Lao Tzu. *The Tao : The Book of Meaning and Life.* London : ARKANA, 1985.

Lipnack, Jessica, and Jeffrey Stamps. *The Networking Book.* New York : Routledge & Kegan Paul, 1986.

McCann, Ron, and Joe Vitale. *The Joy of Service.* Stafford, Tex. : Service Information Source Publications, 1989.

Mackay, Harvey B. *Swim with the Sharks Without Being Eaten Alive.* New York : Ivy Books, 1988.

Mackenzie, Alec R. *The Time Trap: Managing Your Way Out.* New York : AMACOM, 1990.

Mandino, Og. *Og Mandino's University of success.* New York : Bantam Books, 1982.

Megill, Robert E. *May I Touch Your Life?* Tulsa, Okla. : Petroleum Publishing Company, 1979.

Morrison, Emily K. *Skills for Leadership: Working with Volunteers.* Tucson, Ariz. : Jordan Press, 1983.

Naisbitt, John. *Megatrends.* New York : Warner Books, 1982.

Peterson, Wilferd A. *The Art of Living Treasure Chest.* New York : Simon & Schuster, 1977.

Putman, Anthony O. *Marketing Your Services.* New York : John Wiley, 1990.

Raynolds III, John F., and Eleanor Raynolds. *Beyond Success.* New York : Master Media Limited, 1988.

RoAne, Susan. *How to Work a Room.* New York : Shapolcky Publishers, 1988.

Robbins, Authony. *Unlimited Power.* New York : Simon & Schuster, 1986.

Schwartz, David J. *The Magic of Thinking Big.* New York : Cornerstone Library, 1986.

Sher, Barbara, and Anne Gottlieb. *Teamworks!* New York : Warner Books, 1989.

Sims, Bobbi. *Making a Difference in Your World.* Gretna, La. : Pelican, 1984.

Sinetar, Marsha. *Elegant Choices, Healing Choices.* New York : Paulist Press, 1988.

Triplett, Jan F. *Networker's Guide to Success.* Austin, Tex. : Diener, Triplett, and Associates, 1986.

Wattles, Wallace D. *The Science of Being Great.* Lakemont, Ga. : TriState Press Corps, 1982.

Wilson, Marlene. *Survival Skills for Managers.* Boulder, colo. : Volunteer Management Associates, 1981.

네트워킹을 위한 십계명

적절하고, 현명하게, 그리고 전문적으로 사용되어졌을 때 네트워킹은 가장 훌륭한 홍보 도구이다. 다음에 나오는 네트워킹을 위한 십계명은 네트워킹 삶의 방식을 위한 탁월한 방법으로 확인된 것들이다.

1. 외로운 보안관 정신을 버리라.
2. 다른 사람들과의 관계를 소중히 하라.
3. 사람들을 칭찬하라.
4. 자신을 자원이 될 수 있도록 관리하라.
5. 선도하라.
6. 자신을 위한 최고의 홍보 직원이 되라.
7. 당신이 원하는 것을 말하라.
8. 한계를 넓히라.
9. 네트워킹의 황금 법칙을 따르라.
10. 네트워크를 삶의 방식으로 택하라.